Dathlu
Rygbi Cymru

Elin Meek

Diweddariad
Alun Wyn Bevan

Gwasg Carreg Gwalch

Argraffiad diwygiedig: 2013

© y testun: Gwasg Carreg Gwalch, Elin Meek ac Alun Wyn Bevan 2013

Argraffiad cyntaf: 2007

Rhif Llyfr Safonol Rhyngwladol: 978-1-84527-442-9

Cyhoeddwyd gan Wasg Carreg Gwalch,
12 Iard yr Orsaf, Llanrwst, Dyffryn Conwy, LL26 0EH
Ffôn: 01492 642031
Ffacs: 01492 641502
E-bost: llyfrau@carreg-gwalch.com
Lle ar y we: www.carreg-gwalch.com

Testun
2007 Elin Meek
2013 Elin Meek ac Alun Wyn Bevan

Golygydd
Gordon Jones

Diolchiadau
Alun Wyn Bevan, Alwyn Bowen, Tom Cheeseman, Huw Llywelyn Davies, Huw Evans, Ray Gravell, Guto ap Gwent, Alex Lawson, Gareth Lewis, Huw F Lewis, John Hughes' World of Groggs, Dewi Morris Jones, John Jenkins, Paul Lockyer, Elin Meek.

Ffotograffau
Amgueddfa Werin Cymru: 6g, 8t, 35, 36g.
Associated Sports Photography: 8g, 13t, 28t, 49 (Phil Bennett).
Colorsport: 9t & gdd, 10t & g, 11g.
David Dow: 36t, 36c isaf, 55t, 60t.
Huw Evans Picture Agency: prif lun clawr blaen, 1, 14gdd, 15g, 16, 17, 18, 17, 20, 21, 22, 23, 25, 26, 27, 28g, 29, 33, 35t, 42, 43, 44, 45, 46, 47, 48, 49t, 50, 51 (Steve Tandy, Graham Henry), 52 (Alex Lawson), 54, 57, 59t & c, 60g, 62g.
Myrddin ap Dafydd: 3, 10c, 12gdd, 13g, 36c, 43, 58g, 59g, 61.
Myrddin ap Dafydd gyda chaniatâd caredig John Hughes' World of Groggs: Clawr blaen (Grogg Mervyn Davies) 10c, 12t, 16, 43, 56t, 57, 61t, 62t, c, gch.
Steve Pope, SportingWales Images: 14ch, 15t, 45 (Mike Ruddock).
Popperfoto 6t, 11t.
Llanelli Star: 37t.
BBC: clawr (Carwyn James), 52tch, g (gyda chaniatâd caredig ystad Carwyn James).
Western Mail & Echo: 12ch.
Alun Wyn Bevan: 51 (Clive Rowlands), 56, 58t.

Lluniau
Graham Howells: 4, 5, 7.
Charles Britton: 24–31, 34.
Siôn Morris: 53, 54, 55.
Ceri Jones: 38.

Dylunio 2007 Tanwen Haf, Cyngor Llyfrau Cymru
Dylunio ychwanegol 2007 Charles Britton
Dylunio 2013 Ceri Jones

Mae'r cyhoeddwyr yn cydnabod cefnogaeth ariannol
Cyngor Llyfrau Cymru

Argraffwyd yng Nghymru gan Cambrian Printers

Cynnwys

Cyn rygbi – cnapan a bando

Gêm eithaf modern yw rygbi. Dim ond rhyw 140 mlynedd rydyn ni wedi bod yn ei chwarae yma yng Nghymru. Ond roedd gêmau diddorol yng Nghymru cyn i rygbi ddechrau cael ei chwarae. Fel arfer byddai'r gêmau'n cael eu cynnal ar ddiwrnodau gŵyl, er enghraifft Dydd Calan a Gŵyl Mabsant. Rhai o'r gêmau mwyaf poblogaidd oedd cnapan a bando.

Roedd bando'n debyg iawn i hoci heddiw ac yn boblogaidd ym Morgannwg hyd ddiwedd y 19eg ganrif. Byddai dau dîm o chwaraewyr yn defnyddio ffon i daro pêl tua'r gôl. Weithiau byddai cannoedd yn chwarae a phobl yn cael anafiadau cas. Roedd pobl yn arfer chwarae bando ar y traeth mawr sydd y tu ôl i waith dur Port Talbot, er enghraifft.

Efallai mai cnapan yw'r gêm sydd debycaf i rygbi. Cnapan oedd yr enw ar y bêl bren tua maint pêl griced. Byddai hi'n cael ei berwi rai diwrnodau cyn y gêm fel ei bod yn llithrig ac yn anodd ei dal. Dau grŵp o chwaraewyr oedd, dynion o ddau blwyf gwahanol oedden nhw fel arfer. Weithiau, pyrth eglwys y ddau blwyf oedd y ddwy gôl a gallai fod milltiroedd rhwng y ddwy eglwys! Er bod rhai gwŷr bonheddig ar gefn ceffylau, byddai'r rhan fwyaf o'r chwaraewyr ar droed – cannoedd neu filoedd weithiau. Does dim sôn am y rheolau felly roedd hi'n gêm arw iawn a llawer o chwaraewyr yn cael eu hanafu neu eu lladd hyd yn oed. Byddai'r bêl yn cael ei chicio a'i thaflu ac roedd 'sgrymiau' a 'leiniau' yn digwydd wrth i'r gwahanol dimau geisio cael gafael ar y cnapan. Roedd chwaraewyr mawr cryf tebyg i flaenwyr rygbi yn ymladd am y cnapan, a chwaraewyr cyflym, tebyg i olwyr rygbi heddiw, yn rhedeg â'r bêl.

Mae ardal Sir Benfro yn enwog am gêmau cnapan. Er bod y traddodiad wedi dod i ben ers amser maith, cafodd rhai gêmau eu chwarae rhwng plwyfi Trefdraeth a Nanhyfer rhwng 1985 a 1995. Mae gwesty yn

Nhrefdraeth o'r enw 'Cnapan' i'n hatgoffa am hanes y gêm yn lleol.

Gan fod llawer o yfed a gamblo'n digwydd adeg gêmau cnapan a bando, byddai pobl y capeli a'r eglwysi'n gryf yn eu herbyn. Roedden nhw'n credu bod y gêmau'n ddylanwad drwg ar y bobl gyffredin. Dechreuon nhw drefnu gweithgareddau eraill yn y capeli a'r eglwysi i ddenu'r bobl o'r gêmau. Felly, yn raddol, daeth y gêmau i ben.

Er enghraifft, roedd gêmau cnapan yn arfer digwydd ar yr hen Galan (Ionawr 12fed) rhwng pyrth eglwysi Llanwenog a Llandysul yng Ngheredigion. Gan fod llawer o bobl yn cael eu lladd neu eu hanafu, penderfynodd Ficer Llandysul yn 1833 y dylai'r gêm ddod i ben. Dechreuodd gystadleuaeth arall rhwng y ddau blwyf, cystadleuaeth i brofi eu gwybodaeth am y Beibl. Mae'n dal i ddigwydd bob blwyddyn ar Ionawr 12fed.

Rygbi'n dechrau cael ei chwarae

Mae'n debyg i rygbi ddechrau yn 1823, yn Ysgol Rugby, Lloegr. Yn ôl y sôn, roedd bachgen o'r enw William Webb Ellis yn chwarae pêl-droed pan anwybyddodd y rheolau, codi'r bêl a dechrau rhedeg gyda hi.

Ceir rhagor o fanylion am William Webb Ellis ar y we. Yn 1876 yr ymddangosodd y stori hon gyntaf, ar ôl i William Webb Ellis farw. Er bod rhai'n amau ei bod hi'n stori wir, mae Webb Ellis yn dal i gael ei gofio. Cwpan Webb Ellis yw'r enw ar **Gwpan Rygbi'r Byd**, Parc Ellis yw enw'r maes rygbi yn Johannesburg, De Affrica, ac mae plac yn Ysgol Rugby hefyd i gofio amdano.

Nododd rhai o fechgyn Ysgol Rugby reolau'r gêm ym 1845. Dyma'r rheolau cyntaf ar bapur. Roedd pobl eraill yn chwarae mathau eraill o 'football' ond 'rugby football' a ddaeth yn boblogaidd oherwydd bod rheolau ar gael.

Yn gyflym iawn, lledodd rygbi i lawer o wledydd dros y byd. Rhwng 1870 a 1920 sefydlwyd undebau rygbi yn Lloegr, yr Alban, Iwerddon, Awstralia, De Affrica, Seland Newydd, Rhodesia (Zimbabwe heddiw), yr Ariannin, Fiji a Ffrainc. Mae llawer rhagor o wledydd yn chwarae rygbi erbyn heddiw, er enghraifft Canada, Namibia, Romania, Portiwgal, Georgia a Rwsia.

Hanes rygbi yng Nghymru

Tîm buddugol 1905 (chwiliwch am y chwaraewr sy'n gwisgo cap. Gweler tudalen 63).

Roedd rhywbeth tebyg i rygbi'n cael ei chwarae yng Nghymru erbyn yr 1850au, yng ngholegau Llanbed a Llanymddyfri. Erbyn diwedd yr 1870au roedd timau mewn sawl tref yn ne Cymru: Castell-nedd (y cyntaf i gael ei ffurfio, yn 1871), Llanelli, Abertawe, Casnewydd a Chaerdydd. Dynion dosbarth canol a sefydlodd y timau hyn ar ôl bod yn chwarae rygbi yn y colegau. Ond, cyn hir, daeth y gêm yn boblogaidd gyda'r dosbarth gweithiol.

Roedd y Chwyldro Diwydiannol yn cael effaith fawr ar Gymru ar y pryd. Roedd llawer o bobl wedi symud i gymoedd de Cymru ac roedden nhw'n chwilio am weithgareddau corfforol yn eu horiau hamdden. Yn y cyfnod hwn hefyd, dechreuodd gweithwyr gael prynhawn dydd Sadwrn yn rhydd, yn ogystal â dydd Sul. Felly, dechreuodd llawer o bentrefi a threfi sefydlu tîm rygbi. Roedd rygbi'n gêm oedd yn cynnig safle addas i bob math o chwaraewyr – doedd dim gwahaniaeth a oeddech chi'n dal neu'n fyr, yn gryf neu'n denau. Felly roedd hi'n gêm bentref ardderchog ac yn dod â'r gymuned i gyd at ei gilydd – roedd pawb yn adnabod rhywun oedd yn chwarae i'r tîm. Byddai pobl yn teimlo'n angerddol am y gêm, a'r gystadleuaeth rhwng timau pentrefi lleol yn chwyrn. Roedd rheilffyrdd newydd hefyd i gludo'r cefnogwyr o fan i fan.

Er bod rheolau gan y gêm newydd, roedd ymladd yn dal i ddigwydd ymysg y chwaraewyr a'r cefnogwyr. Byddai bragwyr cwrw'n noddi'r clybiau, y timau'n newid cyn gêm ac ymolchi ar ôl gêm yn y dafarn leol a chefnogwyr yn yfed cwrw yn ystod gêmau hefyd. Yn 1897, cafodd Parc yr Arfau yng Nghaerdydd ei gau am bump wythnos oherwydd bod y cefnogwyr wedi ymosod ar y dyfarnwr. Mae rhai o'r farn mai Parc y Cardiff Arms yw'r enw cywir gan fod y maes o fewn ergyd carreg i'r hen dafarn honno.

Ar droad yr ugeinfed ganrif, byddai tua 20,000 yn gwylio gêmau prif glybiau rygbi Cymru, llawer mwy na'r gêmau pêl-droed ar y pryd.

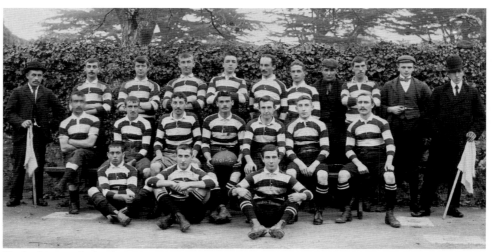

Tîm Rygbi Pentref Sain Ffagan, 1901–02.

'Gêm y diafol'

I bobl y capeli, 'gêm y diafol' oedd rygbi. Yn wir, bu capelwyr yng Nghwm Tawe yn llifio pyst rygbi i lawr yn niwedd yr 1880au. Adeg y diwygiad crefyddol yn 1904–05, cafodd nifer o chwaraewyr rygbi dröedigaeth (dod i gredu yn Nuw ac Iesu Grist) a llosgi eu crysau rygbi. Meddai Jenkin Thomas o Fynyddcynffig, 'Roeddwn i'n arfer chwarae fel cefnwr dros y diafol, ond rwy nawr yn y rheng flaen dros Dduw.'

Sefydlwyd **Undeb Rygbi Cymru** yn 1881 er mwyn chwarae gêm yn erbyn Lloegr. Enillodd Lloegr yn hawdd iawn a gwrthod chwarae yn erbyn Cymru'r flwyddyn ganlynol. Ond datblygodd rygbi Cymru'n gyflym ac enillodd Cymru'r **Goron Driphlyg** am y tro cyntaf ym 1893 (drwy guro Lloegr, yr Alban ac Iwerddon). Gan fod chwaraewyr Lloegr a'r Alban yn fwy ac yn gryfach, roedd rhaid i chwaraewyr rygbi Cymru fod yn wahanol. Roedd rhaid meithrin sgiliau – meddwl yn chwim a rhedeg yn dwyllodrus o gyflym. Llwyddodd y dacteg hon ac enillodd tîm rygbi Cymru y Goron Driphlyg chwe gwaith rhwng 1900 a 1911 a cholli 5 yn unig o 43 gêm. Hefyd, llwyddon nhw i guro Seland Newydd o 3–0 yn 1905, yr unig dîm o Brydain i wneud hynny yn ystod taith 32 gêm y Crysau Duon. Roedd 47,000 yn gwylio'r gêm galed a chyflym honno. Dyna pryd y daeth Cymru'n enwog am chwarae rygbi. Dyna oedd **Oes Aur** gyntaf rygbi Cymru.

Siop Willie Llewellyn

Roedd Willie Llewellyn yn un o arwyr tîm Cymru ym 1905. Roedd yn fferyllydd a siop ganddo yn Nhonypandy. Yn 1910, adeg streic gan lowyr de Cymru, bu terfysg yn Nhonypandy. Llifodd miloedd o streicwyr i'r dref a malu ffenestri siopau a dwyn nwyddau. Ond gwrthododd y terfysgwyr wneud difrod i un siop – siop Willie Llewellyn!

Ar ôl saib yn y chwarae rhwng 1914 a 1918 oherwydd y Rhyfel Byd Cyntaf, chafodd tîm rygbi Cymru ddim llawer o lwyddiant. Yn y 1920au roedd diwydiant yng Nghymru'n mynd drwy gyfnod gwael hefyd (y dirwasgiad) a miloedd yn colli eu swyddi. Gadawodd miloedd o bobl Gymru i chwilio am waith mewn gwledydd eraill.

Glowyr neu weithwyr dur oedd y rhan fwyaf o chwaraewyr tîm rygbi Cymru. Yn y cyfnod yma, roedd un o bob tri dyn yn gweithio dan ddaear yng nghymoedd de Cymru. Roedden nhw'n gyfarwydd â gwaith trwm ac yn ddigon caled i chwarae gêm gorfforol fel rygbi. Bydden nhw'n gweithio fel pawb arall drwy'r wythnos cyn mynd i chwarae rygbi ar brynhawn Sadwrn. Roedd chwarae ar faes agored yn chwa o awyr iach ar ôl gweithio mewn amgylchiadau digon afiach o dan ddaear neu yng ngwres y ffwrnais.

Doedd y chwaraewyr ddim yn cael eu talu wrth chwarae **rygbi'r undeb**. Ond roedd **rygbi'r cynghrair** wedi datblygu yng ngogledd Lloegr, a'r chwaraewyr yn ennill arian am chwarae. Byddai 'sgowtiaid' o ogledd

Tîm Rygbi Tongwynlais, 1922–23.

Lloegr yn dod i dde Cymru i chwilio am chwaraewyr newydd ac yn cynnig arian da. Yn ystod y dirwasgiad, collodd Cymru nifer o chwaraewyr rhyngwladol talentog i rygbi'r cynghrair. Doedd dim dewis gan lawer ohonyn nhw oherwydd eu bod wedi colli eu gwaith. Ond fydden nhw byth yn cael chwarae rygbi'r undeb eto gan fod pobl rygbi'r undeb yn casáu rygbi'r cynghrair.

Cafodd tîm rygbi Cymru gyfnod da rhwng 1950 a 1953, gan ennill dwy Gamp Lawn a churo'r Crysau Duon yn 1953. Erbyn y 1960au, roedd llai o lowyr a gweithwyr dur yn chwarae i Gymru oherwydd bod llawer o byllau glo a gweithfeydd dur wedi cau. Roedd nifer o athrawon yn y tîm yn y cyfnod hwn.

Cap cyntaf cofiadwy

Yn 1967, cafodd Keith Jarrett gêm gyntaf gofiadwy dros ben i Gymru yn erbyn Lloegr ar Barc yr Arfau, Caerdydd, pan oedd yn ddim ond 18 blwydd 11 mis oed. Sgoriodd 19 pwynt i gyd yn y fuddugoliaeth o 34–21! Roedd ei gicio'n wych – 5 trosiad a 2 gic gosb – a llwyddodd i sgorio cais drwy redeg yn ddwfn o'i hanner ei hunan ar hyd yr ystlys. "He can't miss, this laddie," meddai Bill McLaren, y sylwebydd o'r Alban, ar y teledu. Ar y pryd, roedd rhaid i'r chwaraewyr wneud eu ffordd eu hunain adref. Felly, ar ôl y gêm, aeth Keith Jarrett i ddal bws yn ôl i Gasnewydd.

Ond roedd cefnogwyr Cymru eisiau iddo ymuno â nhw i ddathlu'r fuddugoliaeth. Erbyn iddo gyrraedd yr orsaf fysiau, roedd y bws olaf wedi hen fynd. Ond mynnodd rheolwr yr orsaf fysiau fod un o'i yrwyr yn mynd ag ef adref mewn 'double decker' ar ei ben ei hun – er mwyn iddo gael digon o lonydd!

Keith Jarrett

Oes Aur y 1970au

Daeth oes aur arall i rygbi Cymru yn y 1970au. I'r rhai oedd yn gwylio rygbi yn y 1970au, does dim tîm tebyg wedi bod erioed! Er eu bod nhw weithiau'n dechrau gêmau'n wael, roedd y tîm yn gallu codi gêr, yn enwedig yn chwarter ola'r gêm, a sgorio ceisiau cofiadwy.

Dyma rai o gampau tîm Cymru rhwng 1969 a 1979:

- ennill naw o ddeg gêm yn erbyn Lloegr
- curo Awstralia dair gwaith
- ennill y Gamp Lawn dair gwaith
- ennill chwe Choron Driphlyg (gan gynnwys pedair yn olynol: 1976, 1977, 1978 a 1979)
- ennill y Bencampwriaeth naw gwaith.

Pam buon nhw mor llwyddiannus? Roedd carfan Cymru'n hyfforddi gyda'i gilydd, rhywbeth newydd iawn ar y pryd. Hefyd, o dymor 1971–72, roedd cais yn werth 4 pwynt yn lle 3 phwynt (newidiodd hyn i 5 pwynt yn nhymor 1992–93). Roedd hyn yn ffafrio tîm Cymru oedd yn hoffi trafod y bêl. Sgoriodd Cymru 105 o geisiau rhwng 1969 a 1979, 67 ohonyn nhw ym Mharc yr Arfau.

JPR Williams

1971-72

60p

Edited by
GORDON
ROSS

BARRY JOHN
'Player of the Year'

Wales get the Grand Slam in a great year

Graham Price, Bobby Windsor a Clive Williams

Gareth Edwards

Roedd nifer o chwaraewyr o safon byd yn y tîm yn chwarae'n gyson gyda'i gilydd dros y cyfnod hwn. Roedden nhw'n chwaraewyr greddfol oedd yn gallu darllen y gêm yn dda. Felly roedden nhw'n gallu addasu ac ymateb i'r hyn oedd yn digwydd ar y cae mewn chwinciad.

Mae'n werth gwylio fideo neu DVD i weld doniau tîm Oes Aur y 70au. Rhai o olwyr enwocaf y cyfnod oedd Gareth Edwards, Barry John, Phil Bennett, JJ Williams, Ray Gravell, JPR Williams a Gerald Davies. Sgoriodd Gareth Edwards, Gerald Davies a JJ Williams gyfanswm o 49 cais. Rhai o'r blaenwyr enwocaf oedd Delme Thomas, Mervyn Davies, Derek Quinnell, Barry Llewelyn, Dai Morris a rheng flaen Pont-y-pŵl: Charlie Faulkner, Graham Price a Bobby Windsor. Bu llawer o chwaraewyr tîm Cymru yn y cyfnod hwn yn chwarae i'r Llewod gan mai nhw oedd y gorau ym Mhrydain.

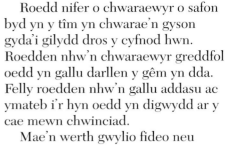

Tîm Groggs y 1970au.

Barry John a thîm Oes Aur y 1970au ym Mharc yr Arfau, Caerdydd.

Gareth Edwards

Mae pobl ym mhob rhan o'r byd rygbi'n gwybod am Gareth Edwards. Mae'n cael ei ystyried yn un o'r chwaraewyr rygbi gorau erioed. Cafodd ei eni yn 1947 a'i fagu yng Ngwauncaegurwen, ger Pontardawe. Roedd ei dad, Glan Edwards, yn löwr. Pan oedd yn blentyn, roedd Gareth yn hoffi pob math o chwaraeon. Byddai'n chwarae llawer ar 'gae Archie', cae ffermwr lleol o'r enw Archie, gyda'i ffrindiau'n cynnwys Huw Llywelyn Davies, y sylwebydd rygbi.

Yn Ysgol Dechnegol Pontardawe, roedd Bill Samuels yr athro ymarfer corff yn ddylanwad mawr. Bu'n annog ac yn hyfforddi Gareth Edwards i chwarae pêl-droed a rygbi i safon uchel. Cafodd Gareth ysgoloriaeth chwaraeon i ysgol fonedd Millfield a oedd yn arbenigo ar chwaraeon.

Yn 1967, enillodd Gareth Edwards ei gap cyntaf i Gymru fel mewnwr (rhif 9) pan oedd yn 19 oed. Roedd y gêm gyntaf honno ym Mharis, ac mae'n cofio bwyta stêc a sglodion cyn y gêm a chael cadw'r bêl i gofio am ei gap cyntaf. Y tymor canlynol, fe oedd capten Cymru – y capten ieuengaf erioed (20 mlwydd oed). Aeth ymlaen

Cais olaf Gareth Edwards i Gymru yn erbyn yr Alban yng Nghaerdydd, Chwefror 1978.

GARETH EDWARDS

i ennill 53 cap a sgorio 20 cais i Gymru yn ystod Oes Aur y 1970au. Bu'n chwarae gyda'r maswyr Barry John, Phil Bennett a John Bevan dros Gymru. Hefyd, bu'n llwyddiannus iawn ar deithiau'r Llewod i Hemisffer y De. Roedd yn aelod o daith lwyddiannus 1971 pan enillodd y Llewod gyfres yn erbyn Crysau Duon Seland Newydd am yr unig dro hyd yn hyn ac yn Ne Affrica yn 1974 pan enillodd y Llewod bob gêm heblaw am gêm gyfartal (14–14) yn y prawf olaf.

Beth oedd yn gwneud Gareth Edwards yn chwaraewr mor arbennig? Roedd yn gryf a chwim ac yn gallu gwneud rhediadau twyllodrus i guro amddiffynwyr. Roedd yn deall y gêm yn berffaith ac yn feistr ar y gic bwt neu'r gic i'r ystlys. Hefyd, datblygodd y bàs fodern – pàs 'torpido' sy'n troelli yn yr awyr. Yn ogystal, roedd yn chwaraewr hyderus iawn, yn benderfynol o ennill pob gêm a sgorio ceisiau o bob rhan o'r cae.

Ymddeolodd Gareth Edwards o chwarae rygbi yn 1978 ond mae'n dal i gyfrannu i S4C adeg gêmau rhyngwladol. Mae cerflun ohono yng nghanolfan siopa Dewi Sant, Caerdydd.

Ar ôl y 1970au

Parhaodd cyfnod llwyddiannus iawn tîm rygbi Cymru tan ddechrau'r 1980au. Ond dechreuodd timau rhyngwladol eraill chwarae'n dda hefyd. Bu Cymru bron â cholli yn erbyn Japan yn 1983. Ond daeth Cymru'n drydydd yng nghystadleuaeth gyntaf Cwpan y Byd yn 1987 gan guro Awstralia 21–20 mewn gêm am y trydydd safle yn Rotorua – cais Adrian Hadley a throsiad rhyfeddol Paul Thorburn o'r ystlys yn selio'r fuddugoliaeth.

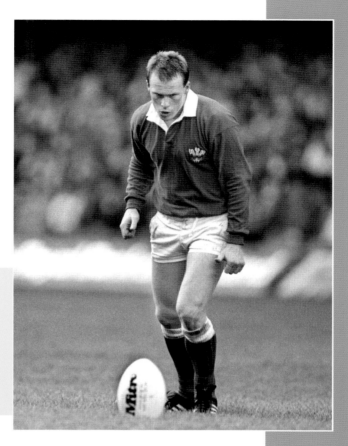

Cic anferthol!

Ym mis Chwefror 1986, yn y gêm rhwng Cymru a'r Alban, ciciodd Paul Thorburn y gôl gosb hiraf erioed ym Mharc yr Arfau – 70 llath ac 8 modfedd, sef tua 64 metr, ymhellach o dipyn na'r llinell hanner!

Yn ystod y 1990au, gadawodd llawer o chwaraewyr rhyngwladol i chwarae rygbi'r cynghrair yng ngogledd Lloegr. Roedd hi'n gyfnod anodd i rygbi Cymru. Cymru gafodd y **Llwy Bren** yn 1990 a 1991. Collodd Cymru i Orllewin Samoa hyd yn oed ar ddechrau cystadleuaeth Cwpan y Byd 1991. Roedd llawer o bobl eisiau i rygbi'r undeb droi'n gêm broffesiynol a digwyddodd hynny yn 1995. Daeth rhai o chwaraewyr rygbi'r cynghrair yn ôl i chwarae dros Gymru.

Cafodd y tîm cenedlaethol gyfnod da cyn Cwpan y Byd 1999 gan ennill 10 gêm o'r bron, ond tan-berfformio oedd hanes y tîm yn y gystadleuaeth a chwaraewyd yng Nghymru.

Jonathan Davies a chwaraeodd rygbi'r undeb a rygbi'r cynghrair ar y lefel uchaf.

Gêm drychinebus

Ym mis Ebrill 1998, cafodd Cymru gêm drychinebus o wael yn erbyn Ffrainc. Collodd Cymru 0–51. Dyma'r tro cyntaf i Gymru fethu sgorio mewn 73 gêm yn erbyn Ffrainc. Roedd pob un o reng ôl Cymru o glwb Abertawe (Rob Appleyard, Stuart Davies a Colin Charvis) a chafodd y tri garden felen yn eu tro. Ond roedd tîm Ffrainc wrth eu bodd – sgorion nhw saith cais, gyda Sadourny a Garbajosa'n hawlio dau yr un!

Yng Nghwpan y Byd 2003, collodd Cymru i'r enillwyr Lloegr (28–17) mewn gêm gyffrous yn Brisbane. Sgoriodd y crysau cochion dri chais (Stephen Jones, Colin Charvis a Martyn Williams) i un Lloegr (Will Greenwood).

Camp Lawn 2005

Capteiniaid:
Gareth Thomas a **Michael Owen**
Prif sgorwyr ceisiau:
Shane Williams, Martyn Williams a **Kevin Morgan**
– 3 chais yr un.
Prif sgoriwr pwyntiau:
Stephen Jones – 57 pwynt.

Roedd y gêm gyntaf gartref yn erbyn Lloegr. Sgoriodd Shane Williams gais yn y cornel i Gymru ond roedd y tîm yn dal i golli o 8–9 ac ond ychydig funudau ar ôl. Cafodd Cymru gic gosb a chamodd Gavin Henson ymlaen i'w chymryd. Roedd hi'n gic hir o 44 metr ac yn agos i'r ystlys dde ond roedd y canolwr yn hyderus a hedfanodd y bêl rhwng y pyst. Enillodd Cymru o 11–9 a phawb wrth eu bodd.

Roedd yr ail gêm yn erbyn yr Eidal yn Rhufain a rhai yn dal i gofio am y golled yn Stadiwm Flaminio yn 2003. Ond doedd dim angen poeni wrth i'r crysau cochion sgorio chwe chais disglair ac ennill o 38–8.

Roedd y drydedd gêm yn Ffrainc yn y Stade de France ac yn un gofiadwy. Roedd Ffrainc ar y blaen 15–6 ar yr egwyl. Yn yr ail hanner sgoriodd Martyn Williams ddau gais ardderchog a phan ychwanegodd Frédéric Michalak gic adlam roedd y sgôr yn gyfartal ar 18–18. Roedd Stephen Jones yn gaffaeliad i'r tîm – ei gic gosb a'i gic adlam yn selio buddugoliaeth wych i Gymru.

Teithiodd tua 40,000 o Gymru i'r bedwaredd gêm yn erbyn yr Alban yng Nghaeredin. Ymosod oedd y nod o'r gic gyntaf ac o fewn ychydig funudau roedden nhw 19 pwynt ar y blaen! Sgoriwyd 6 chais gyda Kevin Morgan a Rhys Williams yn hawlio dau yr un. Roedd Cymru o fewn un gêm i hawlio Camp Lawn a hynny am y tro cyntaf er 1978!

Iwerddon oedd yr ymwelwyr yn Stadiwm y Mileniwm a'r awyrgylch yng Nghaerdydd yn drydanol – un

Roedd cicio dibynadwy Stephen Jones, o'i droed ac at y pyst, yn elfen bwysig o fuddugoliaethau Cymru.

Gareth Thomas a'i dîm yn gorfoleddu.

Tom Shanklin a Shane Williams

Martyn Williams yn croesi am un o'i geisiau yn erbyn Ffrainc ym Mharis.

tîm am gipio'r Gamp Lawn a'r ddau dîm â'u llygaid ar Goron Driphlyg. Gan fod Iwerddon wedi colli yn erbyn Ffrainc dim ond Cymru oedd â gobaith o ennill pob un gêm. Cael a chael oedd hi yn yr hanner cyntaf ond daeth sgôr tyngedfennol i'r tîm cartref cyn yr egwyl pan lwyddodd y prop Gethin Jenkins daro cic Ronan O'Gara i lawr, cicio'r bêl dros y llinell gais a thirio. Roedd hi'n 16–6 i Gymru ar yr egwyl ond rheolwyd yr ail hanner gan dîm Michael Owen (Owen yn arwain ar ôl i Gareth Thomas dorri'i arddwrn mas ym Mharis). Daeth sgôr allweddol i Kevin Morgan ar ôl bylchiad clir Tom Shanklin. I bob pwrpas roedd y gêm ar ben. Er i Iwerddon daro'n ôl gyda dau gais llwyddodd Stephen Jones gyda chic gosb hwyr. Roedd Cymru'n bencampwyr ac yn ddeiliaid y Goron Driphlyg a'r Gamp Lawn.

Rygbi Cymru 2005–2007

Siomedig oedd y canlyniadau yn ystod y cyfnod uchod oni bai am fuddugoliaeth annisgwyl yn erbyn Awstralia yn 2005 yng Nghaerdydd, y gyntaf er 18 mlynedd. Chwaraewyd gêm hanesyddol ym Mhorth Madryn ym Mhatagonia – Ariannin yn ennill gêm gyffrous o 27–25 o flaen torf oedd yn cynnwys siaradwyr Cymraeg o Gymry ac Archentwyr. Tangyflawni wnaeth Cymru o dan ei hyfforddwr newydd, Gareth Jenkins, yng Nghwpan y Byd 2007 yn Ffrainc. Chwalwyd ei gobeithion yn Nantes pan gollwyd gêm allweddol yn erbyn Fiji o 38–34. Yn dilyn y perfformiad penodwyd hyfforddwr newydd, Warren Gatland o Seland Newydd.

Mae lluniau o Gymru dros y blynyddoedd diwethaf i'w gweld ar: www.welshrugbypics.co.uk a'r newyddion diweddaraf am dîm rygbi Cymru ar www.wru.co.uk

Neil Jenkins, y peiriant sgorio rhyfeddol. 1,090 o bwyntiau rhyngwladol; 1,049 i Gymru a 41 i'r Llewod.

10 ffaith sydyn am hanes rygbi Cymru

1. Bu 126 glöwr yn chwarae i Gymru rhwng 1883 (Arthur Jones) a 2000 (Garin Jenkins).
2. Collodd Cymru o 13 cais, 7 trosiad ac un gôl adlam i ddim yn erbyn Lloegr yn y gêm gyntaf yn 1881.
3. Y sgôr gorau erioed i Gymru yw Cymru 98 Siapan 0 yn 2004. Sgoriwyd 14 cais (Colin Charvis 4) a Gavin Henson yn trosi pob un.
4. Y sgôr gwaethaf i Gymru hyd yma yw De Affriica 96 Cymru 13 yn 1998.
5. Mae Cymru wedi ennill 11 Camp Lawn, 20 Coron Driphlyg a'r Bencampwriaeth 25 gwaith – hyd yma!
6. Neil Jenkins sy'n dal y record am sgorio'r nifer mwyaf o bwyntiau dros Gymru – 1,049 pwynt a'r nifer mwyaf o bwyntiau mewn un gêm, sef 30 yn erbyn yr Eidal yn 1999.
7. Dwayne Peel yw'r chwaraewr ieuengaf i ennill 50 cap dros Gymru. Roedd yn 25 oed pan wnaeth hyn ym mis Chwefror 2007.
8. Mae Stephen Jones wedi ennill mwy o gapiau dros Gymru na neb – 104 i gyd.
9. Phil Bennett oedd y cyntaf i ddod ar y maes fel eilydd dros Gymru, yn Stade Colombes, Paris, yn 1969.
10. Sgoriodd Shane Williams 60 o geisiau rhyngwladol – 58 i Gymru a 2 i'r Llewod.

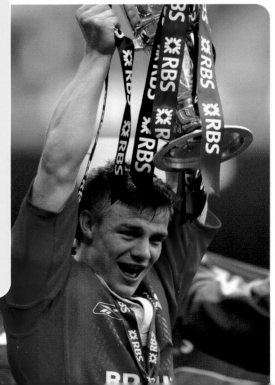

Dwayne Peel

Shane!

Does dim angen cyfenw! Mae pawb yn ei adnabod – o Aberdeen i Auckland ac o San Diego i Sydney. Mae Cymru, ar hyd y blynyddoedd, wedi llwyddo i gynhyrchu chwaraewyr o wir safon; chwaraewyr a lwyddodd i oleuo'r byd rygbi. Mae'r arian byw o asgellwr o Ddyffryn Aman yn un ohonyn nhw. Bellach mae Shane Williams wedi ymddeol o'r llwyfan rhyngwladol ar ôl hawlio trigain o geisiau ar y lefel uchaf un.

Beth oedd cyfrinach cyn-asgellwr Castell-nedd a'r Gweilch? Byddai ei wrthwynebwyr yn sicr o gyfaddef ei fod yn gwbl amhosib rhag-weld beth a wnâi nesaf! Roedd fel petai amser wedi peidio pan fyddai Shane yn gwau a gwyro a gwibio ar hyd yr ystlys – y chwaraewyr yn sefyll yn stond ar y cae yn gegagored, a'r dyrfa'n hollol fud.

Roedd rhai o'r ceisiau a sgoriodd yn gwbl anhygoel – ar un achlysur yn Buenos Aires yn 2004 gwelwyd Shane yn ochr-gamu'n gelfydd oddi ar ei droed chwith ac yna'n hypnoteiddio'r gwrthwynebydd nesaf drwy ochr-gamu'n gwbl naturiol oddi ar y droed dde. Roedd cefnogwyr y ddau dîm ar eu traed yn cymeradwyo.

"Sut ar y ddaear wnaeth e gyrraedd y llinell gais?" oedd y cwestiwn ar wefusau'r cefnogwyr pan wasgodd i

Shane Williams, yng nghrys y Barbariaid, yn ceisio dianc oddi wrth Liam Williams a Martyn Williams.

mewn yn y gornel yn erbyn yr Alban yng Nghaerdydd yn 2008. Dyna pryd y profodd ei fod yn meddu ar wir athrylith. Ond y cais yn erbyn De Affrica yn Pretoria yn 2008 sydd

Martyn Williams yn llusgo Shane Williams i'r llawr gerfydd ei grys!

wedi'i saernïo ar gof a chadw'r mwyafrif ohonom. Shane yn cydio yn y bêl rydd, gwibio fel mellten, gwyro o'r ystlys dde i gyfeiriad y pyst ac yna 'nôl i'r cornel. Daeth neb yn agos i'w rwystro. Mae Messi, Tendulkar a Nadal â'r gallu i ryfeddu. Ychwanegwch enw Shane atyn nhw!

Cais olaf Shane ar y llwyfan rhyngwladol, a hynny yn y munud olaf yn erbyn Awstralia yn 2011.

CAMP LAWN 2008

Prif sgoriwr ceisiau:
Shane Williams (6 chais)
Prif sgorwyr pwyntiau:
James Hook a **Stephen Jones** (44 pwynt)

Annisgwyl! Dyna'r gair i ddisgrifio canlyniadau Cymru ym Mhencampwriaeth y Chwe Gwlad 2008. Doedd neb wedi proffwydo Camp Lawn – y mwyafrif yn fwy na pharod i weld yr hyfforddwr newydd o Seland Newydd, Warren Gatland, dim ond yn sefydlu patrwm o chwarae llwyddiannus.

chwib ar gyfer yr egwyl a Lloegr ar y blaen o 16–6. Ond Cymru oedd meistri'r ail hanner – cicio cywrain James Hook ac agwedd benderfynol tîm Ryan Jones yn golygu fod Lloegr ar y droed ôl weddill y gêm. Lee Byrne a Mike Phillips hawliodd y ceisiau a chefnogwyr o Fôn i Fynwy yn dathlu buddugoliaeth gyntaf Cymru yn Twickers ers 20 mlynedd.

Parhau wnaeth y llwyddiant yng Nghaerdydd gyda buddugoliaeth gyfforddus yn erbyn yr Alban. Croesodd Shane Williams a James Hook am geisiau yn yr hanner cyntaf

Y capten Ryan Jones yn dathlu yng nghwmni Gethin Jenkins ac Ian Gough ar ôl curo Ffrainc i gipio'r Gamp Lawn.

Roedd 13 o chwaraewyr y Gweilch yn y tîm a ddechreuodd y gêm yn Twickenham yn erbyn yr hen elyn, Lloegr. Rheolwyd yr hanner cyntaf gan y tîm cartref a doedd hi fawr o sioc pan chwythodd Craig Joubert ei

ond llwyddodd Chris Paterson i gadw'r Alban mewn cysylltiad â phum gôl gosb. Seliwyd y fuddugoliaeth pan groesodd Shane am ei ail gais yn y gornel – cais oedd yn brawf pendant o'i allu yn y gampfa! Bu'n rhaid i'r dyfarnwr fideo Carlo Damasco astudio'r dystiolaeth am rai munudau cyn caniatáu'r sgôr. Roedd rhai ar ddiwedd yr ornest yn dechrau sibrwd y ddau air – CAMP LAWN!

Unochrog oedd yr ornest yn Rhufain gyda Lee Byrne yn disgleirio yng ngwres y Stadio Flaminio. Croesodd Cymru am bum cais – Shane Williams a Lee Byrne yn hawlio dau yr un. Bythefnos yn ddiweddarach roedd 82,000 yn

James Hook yn sgorio cais yn y fuddugoliaeth 30–15 yn erbyn yr Alban.

Lee Byrne

bresennol am ymddangosiad cyntaf y crysau cochion ym Mharc Croke a phob un o'r Cymry a deithiodd i'r ddinas ar lannau'r Liffey yn gwybod y byddai'r dasg yn anodd os nad amhosib. Ond Cymru aeth â hi diolch i berfformiad arwrol a chais unigol

ardderchog gan y dewin o Ddyffryn Aman, Shane Williams. Pan dderbyniodd y bêl rhyw ddeg metr o'r ystlys dde, doedd neb yn ffyddiog y byddai'n cyrraedd y llinell gais. Ond diolch i'w gyflymdra, greddf a phenderfyniad fe groesodd am unig gais y gêm.

Roedd pob heol yn arwain i Gaerdydd ar gyfer gêm ola'r gyfres a Chymru yn ffefrynnau clir ar gyfer cipio'r Bencampwriaeth, y Goron Driphlyg a'r Gamp Lawn. Diolch i ymdrech arall gan Shane Williams, a

Yr eilydd Ian Evans yn wên o glust i glust ar ôl y fuddugoliaeth yn erbyn Ffrainc, 2008.

ymddangosodd fel jac-yn-y-bocs yn rhengoedd Ffrainc a chicio'r bêl ymlaen am y cais, roedd y crysau cochion ar y blaen o 19–12 a dim ond chwe munud yn weddill. Roedd miloedd ar filoedd yn y dorf ar bigau'r drain tan i Martyn Williams, chwaraewr y gêm yn ôl yr arbenigwyr, gau pen y mwdwl â chais munud olaf. Roedd Warren Gatland a'i dîm yn arwyr cenedlaethol.

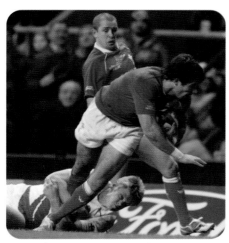
Mike Phillips yn sgorio cais yn erbyn y Saeson.

Cwpan Rygbi'r Byd 2011

Bradley Davies, Shane Williams, Mike Phillips, Huw Bennett, Jonathan Davies a Jamie Roberts yn dathlu buddugoliaeth arall.

Roedd Warren Gatland a'i garfan yn hyderus ynglŷn â'i gobeithion o greu argraff yn Seland Newydd yn 2011. Roedd grŵp Cymru yn un anodd gyda De Affrica, Fiji a Samoa yr un mor benderfynol o gyrraedd y rowndiau terfynol. Y *Springboks* oedd y gwrthwynebwyr cyntaf ac er i Gymru golli o bwynt (17–16) mewn gornest gystadleuol, cytunai'r mwyafrif mai tîm Sam Warburton oedd yn haeddu ennill. Roedd yna un digwyddiad allweddol yn y gêm – cic gosb James Hook yn hwylio'n uchel uwchben y pyst ond y dyfarnwr yn gwrthod caniatáu'r tri phwynt.

Roedd yr ail gêm yn erbyn Samoa yn un dyngedfennol. Colli, a byddai Cymru mas o'r gystadleuaeth. Doedd pethau ddim yn edrych yn addawol ar yr egwyl gyda'r ynyswyr ar y blaen diolch i gais Perenise. Ond, diolch i

ddawn Leigh Halfpenny, llwyddodd Cymru i daro 'nôl. Cododd y cefnwr ar ei draed ar ôl amddiffyn yn ddewr yn ei ddwy ar hugain a gwibio fel mellten am linell gais Samoa. Daeth Jonathan Davies i'r adwy ac er i'r bàs olaf fynd i'r tir, daeth Shane Williams i'r fei fel rhyw *Scarlet Pimpernel* i

Scott Williams yn dod â rhediad cefnwr Awstralia, Adam Ashley-Cooper, i ben.

Grym George North yn ormod i Anthony Fainga'a o Awstralia.

Jonathan Davies yn bylchu'n glir yn erbyn Samoa.

groesi am gais i gipio'r fuddugoliaeth.

Chwalwyd Namibia yn New Plymouth o 81–7, gyda'r canolwr Scott Williams yn hawlio tri o'r deuddeg cais. A phwy ddywedech chi yw'r chwaraewr ieuengaf i sgorio cais yng Nghwpan Rygbi'r Byd? Wel, George North, a groesodd am ddau ac

Mike Phillips yn plymio am y cais.

yntau newydd gael ei ben-blwydd yn 19 oed. Buddugoliaeth oedd ei angen yn erbyn Fiji er mwyn cyrraedd y Rowndiau Terfynol ond roedd pawb yn cofio'r siom o golli yn eu herbyn yn 2007. Ond y tro hwn Cymru oedd yn fuddugol o 66–0 mewn gornest unochrog.

Iwerddon oedd y gwrthwynebwyr nesaf yn Rownd yr Wyth Olaf a Chymru'n disgleirio, diolch i berfformiad tîm gwych a thri chais da gan Shane Williams, Mike Phillips a

Jonathan Davies. Roedd Cymru wedi cyrraedd y Rownd Gyn-derfynol am y tro cyntaf er 1987. Ffrainc oedd y gwrthwynebwyr a'r wasg yn hyderus mai'r crysau cochion fyddai'n cyrraedd y Rownd Derfynol yn sgil perfformiadau siomedig y Tricolor. Ond, doedd hi ddim i fod! Bu'n rhaid i'r prop Adam Jones adael y cae ar ôl naw munud ag anaf i'w goes ac yna anfonwyd y capten Sam Warburton oddi ar y cae am dacl bicell beryglus ar asgellwr Ffrainc, Vincent Clerc. Yn dilyn penderfyniad dadleuol y dyfarnwr Alain Rolland roedd gofyn i Gymru chwarae am dros awr â dim ond pedwar dyn ar ddeg. Fe frwydrodd Cymru i'r eithaf, a pherfformiad y tîm yn yr ail hanner yn wir arwol. Croesodd Mike Phillips am gais ardderchog ond Ffrainc aeth â hi o 9–8, diolch i dair cic gosb Morgan Parra. Dyma oedd gan gyn-ail-reng a chapten Ffrainc, Fabien Pelous, i'w ddweud, "Fel Ffrancwr teimlais rywfaint o embaras yn y fuddugoliaeth. Cymru oedd y tîm gorau o bell ffordd. Ond wedi cyrraedd y ffeinal, ro'n ni'n dipyn gwell tîm na'r Crysau Duon."

Adam Jones yn gyfforddus â'r bêl yn ei ddwylo.

Toby Faletau, Sam Warburton a Dan Lydiate yn dathlu yn dilyn y fuddugoliaeth yn erbyn y Gwyddelod.

Camp Lawn 2012

Capteiniaid:
Sam Warburton, Ryan Jones, Gethin Jenkins
Prif sgoriwr ceisiau:
Alex Cuthbert (3 chais)
Prif sgoriwr pwyntiau:
Leigh Halfpenny (66 pwynt)

Ian Evans yn bygwth.

Dathliadau Camp Lawn 2012 ar fin dechrau ar ôl y fuddugoliaeth yn erbyn Ffrainc.

Roedd y gohebwyr bron i gyd yn gytûn. Cymru, ar ôl cynhyrfu'r byd rygbi a chyrraedd Rownd Gynderfynol Cwpan Rygbi'r Byd yn Seland Newydd yn Hydref 2011, oedd y ffefrynnau clir ar gyfer Pencampwriaeth Chwe Gwlad 2012. Ac am y tro cyntaf ers degawdau roedd hyd yn oed papurau Llundain o'r farn fod modd i Gymru gipio Camp Lawn arall!

Roedd Warren Gatland a'i garfan yn ymwybodol o bwysigrwydd y gêm gyntaf yn Nulyn yn erbyn Iwerddon. Roedd hi'n glasur gyda'r ddau dîm yn creu cyfleoedd a'r cefnogwyr ar eu traed yn cymeradwyo symudiadau cyffrous. Sgoriwyd pum cais yn ystod y prynhawn gyda Jonathan Davies, a groesodd ddwy waith, a George North yn

hawlio tri chais y Cymry. Ond y Gwyddelod oedd ar y blaen o bwynt a dim ond munudau'n weddill cyn i Stephen Ferris, blaenasgellwr bywiog Iwerddon, dderbyn carden felen am drosedd broffesiynol. Llwyddodd Leigh Halfpenny â'r gic a Chymru'n llwyddiannus yn ei gornest gyntaf erioed yn Stadiwm Aviva.

Cael a chael oedd hi am gyfnod mewn gêm gystadleuol yn erbyn yr Alban yng Nghaerdydd. Yna daeth tro ar fyd – Cymru'n croesi deirgwaith mewn chwarter awr ar ddechrau'r ail hanner, diolch i ddau gais Leigh Halfpenny ac un gan yr asgellwr Alex Cuthbert. Aeth Halfpenny yn ei flaen i gasglu 22 pwynt a Chymru'n fuddugol o 27–13.

Alex Cuthbert yn hawlio'r unig gais yn erbyn Ffrainc.

Ar hyd y blynyddoedd mae'r gêmau yn Twickenham rhwng yr hen elynion wedi bod yn rhai clòs a chaled a dyna ddigwyddodd ym mis Chwefror 2012. Deuddeg pwynt yr un oedd hi a phum munud yn weddill tan i'r eilydd o ganolwr Scott Williams ddwyn y bêl o feddiant Courtney Lawes mewn sgarmes. Roedd amddiffyn Lloegr ar chwâl. Ciciodd yn ei flaen, casglu'r bêl a thirio'n agos i'r pyst. Llwyddodd y crysau cochion i ennill y Goron Driphlyg am yr ugeinfed tro yn y modd mwyaf dramatig!

Gweddol oedd y perfformiad yn erbyn yr Eidalwyr – yr *Azzurri* yn wrthwynebwyr styfnig ond mawr oedd y cyffro wrth i'r cefnogwyr adael y stadiwm yng Nghaerdydd wrth feddwl fod yna Gamp Lawn arall ar y gorwel petai'r tîm yn drech na'r Ffrancwyr ymhen wythnos. Ac o flaen 78,000 o gefnogwyr, gyda miliynau'n gwylio ar deledu neu ar sgrin fawr ger Neuadd y Ddinas yng Nghaerdydd, llwyddodd Cymru i wthio *Les Bleus*

Cic gosb arall i'r dibynadwy Leigh Halfpenny yn erbyn yr Eidal.

o'r neilltu a hawlio'u trydedd Gamp Lawn mewn wyth tymor. Doedd hon ddim yn glasur; cicio uchel Rhys Priestland yn creu hunllef i amddiffynwyr Ffrainc a chyfraniadau'r pymtheg cyfan, yn enwedig Ian Evans a Dan Lydiate, yn golygu mai Cymru oedd meistri'r prynhawn. Sgoriwyd unig gais y gêm gan Alex Cuthbert – ei gyflymdra a'i allu i wyro heibio i amddiffynwyr yn coroni prynhawn hynod lwyddiannus i Warren Gatland a'i garfan.

Justin Tipuric yn hawlio'r bêl yn y lein.

Cic ymosodol o droed y maswr celfydd, Rhys Priestland.

Rhifau hanfodol:

- **2** dîm o **15** chwaraewr yn ceisio sgorio ceisiau a chicio pwyntiau – trosiadau, ciciau cosb a chiciau adlam.
- **1** dyfarnwr a **2** gynorthwy-ydd sy'n gyfrifol am reoli'r gêm. Weithiau bydd 4ydd dyfarnwr yn cadw llygad barcud ar y lluniau teledu er mwyn cynorthwyo'r dyfarnwr.
- Gall hyd at **7** eilydd fod ar y fainc (**8** mewn gêmau rhanbarthol) – hyd at **3** eilydd rheng flaen a hyd at **5** eilydd arall.
- Mae rygbi **7** bob ochr yn boblogaidd hefyd, gyda chystadlaethau rhyngwladol dros bedwar ban byd gan gynnwys Dubai a Hong Kong. Cymru yw'r Pencampwyr Byd presennol.

Y Tîm Mae gan bob un o'r **15** chwaraewr ym mhob tîm waith penodol i'w wneud. Fel arfer, mae'r tîm yn cael ei rannu'n ddwy garfan:

Blaenwyr (rhifau 1 i 8)

- Mae'r blaenwyr yn y 'pac' a nhw sy'n ffurfio'r sgrym.
- Y *rheng flaen* yw rhifau 1, 2 a 3.
- Yr *ail reng* yw rhifau 4 a 5.
- Y *rheng ôl* yw rhifau 6, 7 ac 8.
- Yn draddodiadol, roedd y blaenwyr yn gryfach, yn drymach ac yn arafach na'r olwyr.
- Yn y gêm fodern, mae disgwyl i'r blaenwyr fod yn fawr, yn gryf *ac* yn gyflym.

Olwyr (rhifau 9 i 15)

- Yr *haneri* yw rhifau 9 (mewnwr) a 10 (maswr).
- Y *tri chwarteri* yw rhifau 11, 12, 13 a 14.
- Y *cefnwr* yw rhif 15.
- Rhif 9, y mewnwr, yw'r ddolen gyswllt rhwng y blaenwyr a'r olwyr.
- Yn draddodiadol roedd yr olwyr yn ysgafnach ac yn gynt na'r blaenwyr.
- Erbyn heddiw, mae disgwyl i'r olwyr fod yn gyflym *ac* yn gryf iawn.

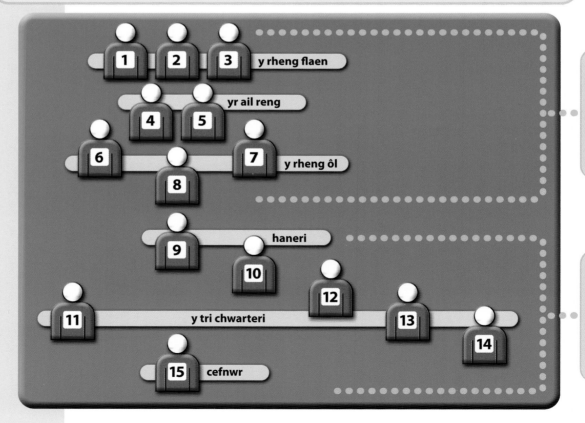

Gwaith pob aelod o'r tîm

Mae angen sgiliau ymosod ac amddiffyn ar bob aelod o'r tîm.
Felly, rhaid:
- Bod yn ffit iawn.
- Bod yn gyfforddus â'r bêl yn y dwylo.
- Cicio'n gywrain.
- Taclo'n gadarn.
- Darllen y gêm yn dda.

Ond mae gwaith penodol gan bob aelod o'r tîm hefyd.

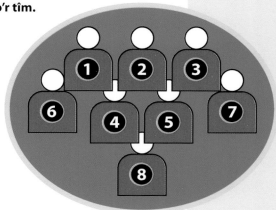

Y SGRYM

1 Prop pen rhydd
3 Prop pen tyn

- Cadw'r sgrym yn sefydlog.
- Cymryd y pwysau yn y sgrym gyda gweddill y pac.
- Codi blaenwyr eraill yn y lein.

> **Gwyliwch am:**
  Gethin Jenkins (Toulon a Chymru) ac **Adam Jones** â'i wallt hir, cyrliog.
  Mae **Duncan** ac **Adam Jones** (Gweilch a Chymru) yn cael eu hadnabod fel 'Hair Bears'.

> **Holwch am:**
  Barry Llewelyn (y 1970au)
  "Roedd e'n brop o flaen ei amser – yn gryf, yn gyflym ac yn trafod y bêl fel maswr," meddai Huw Llywelyn Davies.
  Graham Price (1975 hyd at ddechrau'r 1980au) – aelod o reng flaen nerthol Pont-y-pŵl gyda **Bobby Windsor** a **Charlie Faulkner**. Teithiodd dair gwaith gyda'r Llewod a chwarae 12 gêm brawf yn ogystal ag ennill dwy Gamp Lawn a chymryd rhan mewn tair Coron Driphlyg gyda Chymru.

Adam Jones

2 Bachwr

- Taflu'r bêl i'r lein – mae hon yn sgìl bwysig iawn
- Bachu'r bêl yn y sgrym a'i chyfeirio'n ôl tua'r rheng ôl.

> **Gwyliwch am:**
  Mathew Rees a **Ken Owens** (Scarlets a Chymru)
  Richard Hibbard (Gweilch a Chymru)

> **Holwch am: Bobby Windsor** (y 1970au)
  Gweithiwr dur. Un o'reng flaen Pont-y-pŵl' a ddaeth yn enwog yn y 1970au am chwarae rhydd bywiog a thaflu'r bêl i'r lein yn gywir.
  Garin Jenkins. Glöwr a fu'n chwarae'n gyson dros Gymru yn y 1990au.
  Robin McBryde. Bachwr o Borthaethwy sydd bellach yn hyfforddi blaenwyr tîm Cymru.

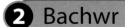

Ken Owens

4 a 5 Ail reng

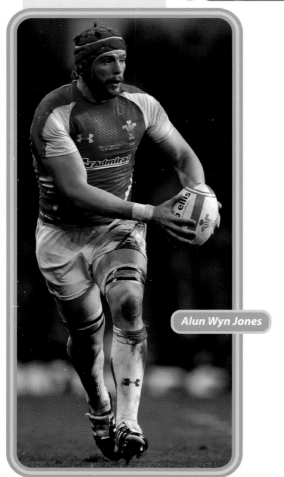

Alun Wyn Jones

- Neidio neu godi blaenwyr eraill wrth iddynt neidio yn y lein i ennill y bêl.
- Ychwanegu at y pwysau yn y sgrym.
- Sianelu'r bêl yn y sgrym oddi wrth y bachwr at y rheng ôl.

> **Gwyliwch am:**
> **Bradley Davies** (Gleision a Chymru)
> **Alun Wyn Jones** ac **Ian Evans**
> (Gweilch a Chymru)
> **Andrew Coombs** (Dreigiau a Chymru).

> **Holwch am:**
> **Delme Thomas** (y 1970au), capten
> Llanelli pan enillon nhw yn erbyn
> Seland Newydd yn 1972.
> Neidiwr ardderchog yn y lein.
> **Robert Norster** (y 1980au),
> bu'n chwarae dros
> Gaerdydd a Chymru.

6 Blaenasgellwr tywyll
7 Blaenasgellwr agored

- Gwthio yn y sgrym.
- Neidio neu godi blaenwyr eraill wrth iddynt neidio yn y lein i ennill y bêl.
- Cael gafael ar y bêl rydd – fel arfer mae rhif 7 yn gynt na rhif 6.
- Taclo'n gadarn.
- Cario'r bêl.

> **Gwyliwch am:**
> **Sam Warburton** (Gleision a Chymru)
> **Dan Lydiate** (Dreigiau a Chymru)
> **Justin Tipuric** (Gweilch a Chymru)
> **Aaron Shingler** (Scarlets a Chymru)
> **Josh Navidi** (Gleision).

> **Holwch am:**
> **John Taylor** (diwedd y 1960au/dechrau'r 1970au). Ei lysenw oedd
> 'Basil Brush' oherwydd ei wallt fel gwrych a'i farf. Bu'n chwarae dros
> Gymry Llundain, Cymru a'r Llewod. Blaenasgellwr cyflawn, taclwr cadarn,
> bywiog yn y ryc a'r sgarmes a rhedwr cyflym.

8 Wythwr

- Rheoli cefn y sgrym – cael y bêl i'r mewnwr.
- Neidio neu godi blaenwyr eraill wrth iddynt neidio yn y lein.
- Cario'r bêl.
- Taclwr mawr.
- Amddiffyn pan fo angen.

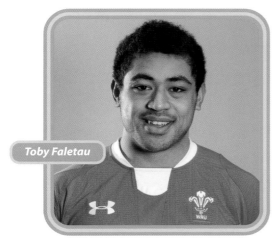

Toby Faletau

> **Gwyliwch am: Toby Faletau** (Dreigiau a Chymru)
> **Ryan Jones** (Gweilch a Chymru)
> **Holwch am:**
> **Mervyn Davies** (diwedd y 1960au tan ganol y 1970au)
> Un o'r wythwyr gorau a gynhyrchodd Cymru erioed.
> Capten Cymru adeg Camp Lawn 1976. "Roedd breichiau
> **Mervyn Davies** fel octopws. Ro'ch chi'n meddwl eich bod
> chi wedi mynd heibio iddo fe, ond roedd e'n eich dala
> chi wedyn." (Ray Gravell)

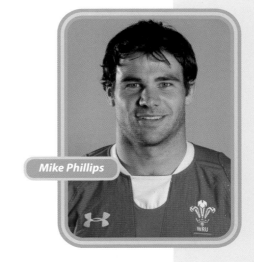

Mike Phillips

9 Mewnwr

- Rhoi'r bêl yn y sgrym.
- Codi'r bêl o fôn y sgrym.
- Rhoi gwasanaeth cyflym i'r olwyr.
- Cicio'n dda – e.e. ar hyd yr ystlys, i'r gornel, neu gic uchel i'r gwagle / 'bocs' i'r asgellwr ei dilyn.
- Sicrhau bod chwarae'n parhau ar ôl sgarmes neu ryc.

> **Gwyliwch am:**
> **Tavis Knoyle** (Scarlets a Chymru)
> **Gareth Davies** (Scarlets)
> **Lloyd Williams** (Gleision a Chymru)
> **Lewis Jones** (Gleision)
> **Rhys Webb** (Gweilch a Chymru)

> **Holwch am:**
> **Gareth Edwards** – Mae Gareth Edwards yn cael ei ystyried yn un o'r chwaraewyr rygbi gorau erioed.

Trowch at yr eitem amdano ar dudalennau 11 a 12.

🔟 Maswr

- Safle allweddol i reoli'r gêm.
- Cicio – fel arfer, mae'r maswr yn gallu cicio tua'r pyst.
- Gwneud y dewis cywir wrth ymosod a rhoi'r bêl yn y bylchau yn yr amddiffyn i chwaraewyr eraill gael symud ymlaen.

> **Gwyliwch am:**
Rhys Priestland (Scarlets a Chymru)
Dan Biggar (Gweilch a Chymru), ciciwr o'r radd flaenaf.
James Hook (Perpignan a Chymru)
Rhys Patchell (Gleision), un am y dyfodol.

> **Holwch am:**
Barry John a **Phil Bennett** (y 1970au)
"Roedd Phil Bennett yn gallu creu lle, ac roedd Barry John yn gallu creu amser." (Ray Gravell)
Galwyd Barry John yn 'Frenin' ar ôl taith lwyddiannus y Llewod i Seland Newydd yn 1971.
Jonathan Davies (y 1980au). Bu'n chwaraewr llwyddiannus i rygbi'r undeb a rygbi'r cynghrair ar y lefel uchaf. Mae'n sylwebu ar y teledu erbyn hyn.
Neil Jenkins (y 1980au). Ciciwr llwyddiannus dros ben. Enillodd 87 cap a sgorio 1,049 pwynt – record i Gymru. Un o hyfforddwyr Cymru erbyn hyn.

Barry John

1️⃣1️⃣ a 1️⃣4️⃣ Asgellwr

Asgellwyr chwith (11) a de (14)

- 'Milgwn' y tîm, y rhedwyr cyflymaf.
- Hedfan gyda'r bêl am y tir agored / y gornel a sgorio ceisiau.
- Cario'r bêl dros y llinell fantais.
- Wrth amddiffyn, gorfodi chwaraewyr y tîm arall i fynd dros yr ystlys.

> **Gwyliwch am:**
George North (Scarlets a Chymru)
Alex Cuthbert (Gleision a Chymru)
Harry Robinson (Gleision a Chymru)
Eli Walker (Gweilch a Chymru)

> **Holwch am:**
Gerald Davies (y 1960au a'r 1970au)
Un o'r asgellwyr ymosodol gorau a welwyd erioed. Sgoriodd 20 cais a chwarae 46 gwaith dros Gymru.
JJ Williams (y 1970au) Bu'n gwibio dros Gymru felly roedd yn un o asgellwyr cyflymaf ei gyfnod. Bu'n chwarae dros Ben-y-bont, Llanelli, Cymru a'r Llewod.
Ieuan Evans (y 1990au) Sgoriodd 33 cais dros Gymru a bu'n gapten 28 gwaith.
Shane Williams – un o'r goreuon erioed. 60 o geisiau rhyngwladol; arian byw o asgellwr.

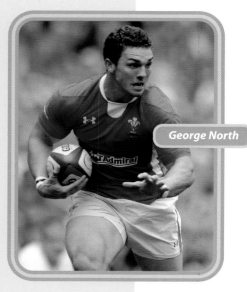
George North

12 a 13 Canolwr

- Creu lle a chario'r bêl dros y llinell fantais wrth ymosod.
- Dosbarthu'r bêl i'r chwaraewyr sydd y tu allan iddyn nhw.
- Gwneud yn siŵr nad oes bylchau yn yr amddiffyn i'r gwrthwynebwyr ymosod drwyddyn nhw.

> **Gwyliwch am:**
  Jamie Roberts (Gleision a Chymru)
  Jonathan Davies a **Scott Williams** (Scarlets a Chymru)
  Ashley Beck (Gweilch a Chymru)

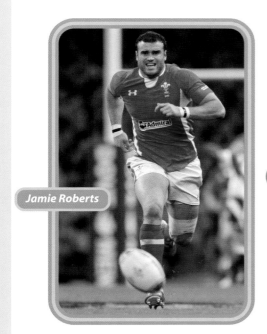

Jamie Roberts

> **Holwch am:**
  Bleddyn Williams (y 1940/1950au) 'Tywysog y Canolwyr'.
  Ray Gravell (y 1970au) Canolwr pwerus; byddai angen sawl dyn i'w daclo. Chwaraeodd â'i holl enaid dros Lanelli, Cymru a'r Llewod.
  Scott Gibbs (y 1990au). Taclwr ffyrnig a rhedwr nerthol. Sgoriodd gais cofiadwy dros Gymru wrth i'r tîm drechu Lloegr o un pwynt yn 1999.

15 Cefnwr

- Llinell olaf yr amddiffyn – angen bod yn gadarn o dan y bêl uchel.
- Gwneud yn siŵr fod y bêl yn mynd yn ôl i'r blaenwyr – drwy gicio fel arfer.
- Cicio cywrain er mwyn ennill safle.
- Darllen y gêm a gosod ei hunan yn y man cywir ar y cae.
- Ymuno â'r ymosod i greu lle a rhoi cyfeiriad gwahanol iddo.
- Gwrthymosod a chreu cyfleoedd.

> **Gwyliwch am:**
  Leigh Halfpenny (Gleision a Chymru)
  Liam Williams (Scarlets a Chymru)
  Lee Byrne (Clermont a Chymru)

> **Holwch am:**
  JPR Williams (y 1970au). Cefnwr nerthol a di-ofn. Byddai'n troi'r amddiffyn yn ymosod ac roedd yn giciwr medrus. Roedd hefyd yn chwaraewr tennis dawnus. Ar ôl ymddeol o rygbi rhyngwladol, daliodd ati i chwarae gydol y 1980au a'r 1990au.

Leigh Halfpenny

Hanfodion a rheolau'r gêm rygbi i chwaraewyr dros 19 sy'n cael eu disgrifio yma. Mae rhai rheolau'n wahanol i chwaraewyr iau.

Sgarmes

Mae rhaid cael o leiaf dri chwaraewr i ffurfio sgarmes – dau o'r tîm sydd â meddiant ac un gwrthwynebydd. Rhaid i'r chwaraewyr aros ar eu traed a chau am y chwaraewr sy'n *cario'r bêl*. Mae'r sgarmes yn dod i ben os yw'r bêl yn cwympo i'r llawr, neu os yw'r bêl neu'r chwaraewr sy'n ei chario'n dod o'r sgarmes. Unrhyw ansicrwydd a bydd y dyfarnwr yn galw sgrym.

Sgrym

Mae angen sgrym i ailddechrau'r chwarae. Wyth blaenwr y ddau dîm yn unig sy'n cael bod yn y sgrym. Ar ôl i'r blaenwyr ffurfio'r sgrym, mae'r mewnwr yn rhoi'r bêl i mewn rhwng y ddau dîm. Bydd y ddwy set o flaenwyr yn gwthio yn erbyn ei gilydd a'r bachwr yn cyfeirio'r bêl yn ôl â'i droed. Rhaid i'r mewnwr symud o gwmpas i godi'r bêl o fôn y sgrym a'i phasio neu ei chicio.

Gall blaenwyr un tîm fod yn drymach na'u gwrthwynebwyr, ond nid yw hynny'n golygu y byddan nhw'n well wrth sgrymio. Bydd blaenwyr yn defnyddio peiriant sgrymio i ymarfer sut i sgrymio.

Mae chwaraewyr yn gallu cael anafiadau difrifol i'w gyddfau os yw sgrymiau'n cael eu dymchwel yn fwriadol. Felly mae'r dyfarnwr yn cosbi hyn yn llym.

Ryc

Gall dau chwaraewr neu ragor ffurfio ryc. Rhaid iddyn nhw aros ar eu traed a chau am y *bêl sydd ar y llawr* rhyngddyn nhw. Os nad oes modd chwarae'r bêl mewn ryc, bydd sgrym yn digwydd.

Lein

Mae lein yn digwydd ar ôl i'r bêl fynd dros yr ystlys. Felly diben y lein yw cael y bêl yn ôl i dir y chwarae. Rhaid cael o leiaf ddau chwaraewr o'r ddau dîm mewn lein. Y tîm sy'n taflu'r bêl i mewn sy'n penderfynu sawl chwaraewr fydd yn y lein. Mae'r timau'n ffurfio dwy linell gyfochrog 5 metr o'r ystlys, gyda bwlch o 1 metr rhyngddyn nhw. Mae'r chwaraewr sy'n taflu'r bêl i mewn (y bachwr fel arfer) yn sefyll yr ochr draw i'r ystlys. Rhaid iddo daflu'r bêl i mewn yn syth heb gamu dros yr ystlys. Rhaid i'r bêl deithio 5 metr o leiaf yn y lein cyn cael ei dal neu gwympo i'r llawr.

Leiniau diddiwedd!

Roedd y gêm rhwng yr Alban a Chymru yn Murrayfield yn 1963 yn un ddiflas iawn. Enillodd Cymru drwy gael un gic gosb ac un gôl adlam lwyddiannus; 0–6 oedd y sgôr terfynol. Ond bydd pawb yn cofio'r gêm am fod **111 lein** wedi digwydd ynddi! Roedd **Clive Rowlands**, mewnwr a chapten Cymru, yn cicio o hyd!

Colli oherwydd y lein

Roedd hi'n gêm agos rhwng Cymru a Seland Newydd yng Nghaerdydd yn 1978, a Chymru ar y blaen o 12–10. Tua diwedd y gêm, digwyddodd lein. Wrth i'r bêl gael ei thaflu i mewn, dyma ddau o chwaraewyr Seland Newydd, **Frank Oliver** ac **Andy Haden**, yn twyllo. Neidiodd y ddau o'r lein, er mwyn gwneud i'r dyfarnwr Roger Quittenton gredu bod y Cymry wedi eu gwthio allan. Chwythodd y dyfarnwr ei chwib, a rhoi cic gosb i Seland Newydd. Llwyddodd **Brian McKechnie** gyda'r gic, a chollodd Cymru 12–13.

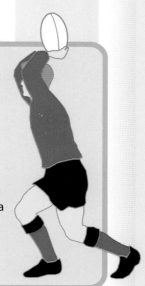

Trafod y bêl

Mae chwaraewyr yn pasio, taro neu fwrw'r bêl i'w gilydd. Rhaid i'r bêl fynd yn syth ar draws neu tuag yn ôl wrth gael ei throsglwyddo o'r naill chwaraewr i'r llall drwy'r dwylo.

Taro'r bêl ymlaen

Bydd chwaraewyr yn 'taro'r bêl ymlaen' drwy golli'r bêl (e.e. mewn tacl) neu fethu dal y bêl. Weithiau bydd y bêl yn bwrw llaw neu fraich ac yn mynd ymlaen. Bydd sgrym yn digwydd os bydd y bêl yn cael ei tharo ymlaen yn ddamweiniol. Ond bydd y dyfarnwr yn rhoi cic gosb i'r gwrthwynebwyr os cafodd y bêl ei tharo ymlaen yn fwriadol. Petai'r gwrthymosodwr yn gallu manteisio yn dilyn y drosedd bydd y chwarae'n parhau.

Cais

Rhaid croesi llinell gais y tîm arall a thirio'r bêl yn y geisfa i sgorio 5 pwynt. Mae hefyd yn bosibl sgorio wrth dirio'r bêl wrth waelod y pyst neu dirio'r bêl *ar* y llinell gais. Mewn gêmau rhyngwladol a rhai gêmau pwysig rhwng clybiau, bydd dyfarnwr fideo'n rhoi ei farn os bydd y dyfarnwr yn ansicr a yw'r chwaraewr wedi tirio'r bêl yn llwyddiannus.

Leo Price o Loegr sgoriodd y cais cyflymaf erioed hyd yma (ar ôl 10 eiliad) yn y gêm rhwng Lloegr a Chymru yn 1923.
Shane Williams sydd â'r record am sgorio'r nifer mwyaf o geisiau dros Gymru – 58 cais i gyd (Rhagfyr 2011).
Mark Taylor sgoriodd y cais cyntaf erioed yn Stadiwm y Mileniwm ym mis Mehefin 1999 pan enillodd Cymru 29–19 yn erbyn De Affrica am y tro cyntaf erioed. Dim ond lle i 27,000 oedd yn y Stadiwm newydd – doedd hi ddim yn llwyr barod, ond roedd digon o sŵn gan gefnogwyr Cymru!

11 cais cofiadwy

1. Gareth Edwards yn erbyn yr Alban, 1972.
Rhedodd o bellter gan osgoi amddiffynwyr, rhoi cic bwt, tirio'r bêl a llithro i'r llaid coch a oedd o gwmpas ymyl Parc yr Arfau. Roedd ei wyneb yn llaid i gyd!

2. Scott Gibbs yn erbyn Lloegr, 1999.
Enillodd Cymru'r bêl o'r lein, aeth hi o ddwylo Robert Howley ymlaen i Scott Quinnell ac yna i Gibbs. Hyrddiodd Scott Gibbs drwy daclwyr Lloegr a mynd am y llinell gais a helpu Cymru i ennill o drwch blewyn – o 32 i 31.

3. Kevin Morgan yn erbyn Iwerddon, 2005.
Torrodd Tom Shanklin drwy'r amddiffyn yng nghanol y cae, pasio'r bêl i Kevin Morgan ac yntau'n croesi i sicrhau bod Cymru'n ennill y Goron Driphlyg a'r Gamp Lawn.

4. Adrian Hadley yn erbyn Lloegr, 1988.
Aeth Hadley ar siswrn gyda Mark Ring cyn croesi'r llinell a Chymru'n ennill yn Twickenham, 3–11.

5. Barry John yn erbyn Lloegr, 1969.
Barry John yn dangos ei ddawn nodweddiadol drwy wyro a newid cyflymdra'n wych cyn sgorio.

6. Ieuan Evans yn erbyn Lloegr, 1993.
Ciciodd Emyr Lewis y bêl ymlaen. Oedodd Rory Underwood i Loegr wrth nôl y bêl, heb sylweddoli bod Ieuan Evans yn carlamu y tu ôl iddo. Ciciodd Evans y bêl ymlaen, gwibio heibio cefnwr Lloegr, Jonathan Webb, a phlymio ar y bêl am gais cofiadwy. Trosodd Neil Jenkins y cais ac enillodd Cymru 10–9.

7. Ken Jones yn erbyn Seland Newydd, 1953.
Ciciodd Clem Thomas y bêl ar draws y cae a hobodd yn berffaith i Ken Jones ei dal a gwibio heibio dau o amddiffynwyr Seland Newydd ger y pyst. Cais allweddol yn yr eiliadau olaf, y tro diwethaf i Gymru guro Seland Newydd (13–8).

Scott Gibbs

8. Scott Quinnell yn erbyn Ffrainc, 1994.
Enillodd Quinnell y bêl o'r lein a chadw i fynd fel tarw at y llinell gais. Roedd tad Scott, Derek, wedi sgorio cais eithaf tebyg yn erbyn yr Alban yn 1978.

9. Phil Bennett yn erbyn yr Alban, 1977.
Dyma olwyr Oes Aur y 70au ar eu gorau, yn igam-ogamu ar hyd y cae'n ddwfn o'u hanner eu hunain. Aeth y bêl o JPR Williams, i Steve Fenwick ac i Gerald Davies a wibiodd yn ei flaen cyn pasio i Phil Bennett. Pasiodd Bennett i David Burcher, a basiodd i'r tu mewn i Fenwick eto. Pasiodd Fenwick y bêl ag un llaw i Bennett, a dyma fe'n ochrgamu heibio'r amddiffyn, gwibio a sgorio o dan y pyst. Dyma gais y tymor pan enillodd Cymru'r Goron Driphlyg am y pedwerydd tro ar ddeg.

10. Shane Williams yn erbyn De Affrica yn Pretoria, 2008.
Cydio mewn pêl rydd wnaeth yr asgellwr yn lled agos i'r llinell hanner yn ymyl yr ystlys chwith. Brasgamodd heibio John Smit a dawnsio'i ffordd o gwmpas Luke Watson. Gwyrodd i gyfeiriad y tir agored cyn troi yn ei ôl a gadael pedwar amddiffynnwr yn stond yn yr unfan. Croesodd am gais cwbl ryfeddol yn y cornel chwith. Roedd cefnogwyr y ddau dîm ar eu traed yn cymeradwyo.

11. Martyn Williams yn erbyn Ffrainc, 2005.
Daeth cais y capten Martyn Williams mewn cyfnod allweddol o'r gêm pan oedd Ffrainc ar y blaen 15–6. Torrodd Stephen Jones drwy'r amddiffyn a phasio'r bêl i Shane Williams. Pasiodd yntau'n ôl i mewn i Martyn Williams. Gyda throsiad Stephen Jones roedd y sgôr yn 15–13 a'r Cymry yn ôl mewn gêm a enillon nhw yn y diwedd.

Cicio

Gall chwaraewyr gicio'r bêl yn lle ei phasio neu redeg gyda hi. Wrth ymosod, bydd chwaraewr yn cicio er mwyn i gyd-chwaraewyr geisio cadw meddiant ar y bêl ar ôl iddi lanio. Wrth amddiffyn, mae chwaraewyr yn cicio'r bêl dros yr ystlys er mwyn ennill tir neu yn codi cic uchel a chwrso er mwyn ceisio adennill y meddiant. Mae rhai cicwyr yn cicio â blaen y droed, ac eraill ag ochr y droed.

Cic osod

Wrth wneud cic osod mae'r bêl yn cael ei gosod ar delpyn o ddaear cyn cael ei chicio. Neu bydd yn cael ei gosod ar ddarn o blastig o'r enw 'ti', neu ar bentwr o dywod. Mae cic osod yn digwydd wrth drosi cais neu pan fydd cic gosb yn digwydd.

Cic adlam

Wrth wneud cic adlam, mae chwaraewr yn gollwng y bêl i'r llawr ac yn ei chicio i'r awyr wrth iddi adlamu. Mae cic adlam yn dechrau'r gêm neu'n ailddechrau gêm ar ôl i'r tîm arall sgorio. Mae chwaraewr hefyd yn gallu defnyddio cic adlam i gicio'r bêl dros y trawst a rhwng y pyst a sgorio 3 phwynt gwerthfawr yn ystod y chwarae.

> **Collodd Cymru i Iwerddon yn Lansdowne Road yn 1968,** a'r sgôr oedd Iwerddon 9 Cymru 6. Ond gallai fod wedi bod yn waeth i Gymru. Rhoddodd y dyfarnwr 3 phwynt i Gymru am gôl adlam o droed Gareth Edwards a oedd wedi hedfan o leiaf droedfedd heibio i'r postyn!

Cic bwt

Mae'r gic bwt yn arf hynod o ddefnyddiol wrth ymosod. Mae'r chwaraewr yn gollwng y bêl ac yn ei chicio i mewn i'r llawr ar gyflymdra. Mae'r bêl yn hercian neu'n hobo ar hyd y llawr. Pan fydd y gwrthwynebwyr yn agos at y ciciwr, mae'r gic bwt yn ddefnyddiol i gael y bêl rhyngddyn nhw.

Cic rydd

Mae tîm yn cael cic rydd os yw'r gwrthwynebwyr wedi troseddu neu os yw chwaraewr wedi galw am y marc. Dydy hi ddim yn bosibl sgorio o giciau rhydd ond mae hawl cicio'r bêl i unrhyw gyfeiriad. Rhaid i'r tîm arall gilio 10 metr oddi wrth y ciciwr. Cyn gynted ag y mae'r ciciwr yn dechrau rhedeg, mae'r gwrthwynebwyr yn gallu rhuthro ymlaen.

2 drosiad pwysig

Cymru yn erbyn yr Alban yn Murrayfield, 1971. Roedd Cymru ar ei hôl hi 18–14 a dim ond ychydig funudau i fynd. Enillodd Cymru'r bêl o'r lein, ac aeth hi ar hyd y llinell at Gerald Davies. Llwyddodd i sgorio cais – 3 phwynt y pryd hwnnw – felly roedd hi nawr yn 18–17. Roedd Gerald wedi methu tirio'r bêl o dan y pyst, felly roedd y trosiad yn un anodd i John Taylor o'r ystlys dde. Roedd Taylor yn giciwr troed chwith ac wrth i bawb ddal ei hanadl, dyma fe'n cicio'r bêl yn berffaith rhwng y pyst a rhoi buddugoliaeth i Gymru, 18–19.

Cymru yn erbyn Lloegr yn Wembley, 1999 – gêm 'gartref' i Gymru tra oedd Stadiwm y Mileniwm yn cael ei chodi. Roedd Lloegr ar y blaen 25–31 ac wyth munud i fynd pan sgoriodd Scott Gibbs gais gwych. Nawr, 30–31 oedd y sgôr, a'r cyfan yn dibynnu ar drosiad Neil Jenkins. Roedd e eisoes wedi llwyddo gyda 6 chic gosb ac 1 trosiad, ond roedd hon yn gic holl-bwysig. Doedd neb yn synnu pan lwyddodd cic Jenkins, a Chymru'n ennill, 32–31. Ar ôl crasfa'r flwyddyn flaenorol (Lloegr 60, Cymru 26), roedd y Cymry wrth eu boddau!

Neil Jenkins

Cic gosb

Wrth gymryd cic gosb, mae'r ciciwr yn gallu dewis rhwng cic osod, cic adlam neu gic o'r dwylo. Hefyd gall tîm ddewis sgrym yn lle cymryd cic gosb. Ar ôl ennill cic gosb, gall ciciwr ddewis sgorio tri phwynt â chic adlam neu gic osod. Dewis arall yw ennill tir drwy gicio at yr ystlys a thaflu'r bêl i mewn i'r lein

Rhaid ceisio peidio ag ildio ciciau cosb oherwydd mae gêm yn gallu cael ei hennill neu ei cholli gyda'r pwyntiau o giciau cosb. Os yw'r tîm arall yn ildio ciciau cosb, mae'n bwysig cael ciciwr da yn eich tîm chi.

Ciciau cosb cofiadwy

Gêm Cymru yn erbyn Ffrainc, Parc yr Arfau, 1972, oedd gêm olaf Barry John, 'Y Brenin'. Penderfynodd roi'r gorau i rygbi, yn 27 oed, ar ôl gyrfa wych. Ciciodd gic gosb anhygoel o hir, 54.8 metr, a chafodd Cymru fuddugoliaeth o 20 pwynt i 6.

Ym 1993, sgoriodd Neil Jenkins 8 gôl gosb ond collodd Cymru 24 i 26 yn erbyn Canada. Un o'r ciciau cosb mwyaf cofiadwy yw cic 44 metr Gavin Henson yn erbyn Lloegr yn 2005. Roedd y sgôr yn 8–9 i Loegr, ond llwyddodd Cymru i gipio'r fuddugoliaeth o 11–9 oherwydd cic Henson ym munudau olaf y gêm. Ar ôl ennill y gêm hon, aeth Cymru ymlaen i gipio'r Gamp Lawn.

Y CAE

Hyd a lled

Mae rygbi'n cael ei chwarae ar gae o laswellt (a mwd, weithiau!). Mae'r cae hyd at 100 metr o hyd a 70 metr o led.

Y pyst

Ar ganol y ddwy linell gais, mae pyst ar ffurf 'H'. Mae'r ddau bost 5.6 metr oddi wrth ei gilydd a rhyngddyn nhw mae trawst 3 metr o'r llawr. Mae'r gic yn llwyddiannus os yw'r bêl yn mynd dros y trawst a rhwng y pyst. Hyd yn oed os yw'r bêl yn uwch na'r pyst eu hunain, mae'r ciciwr yn dal i lwyddo.

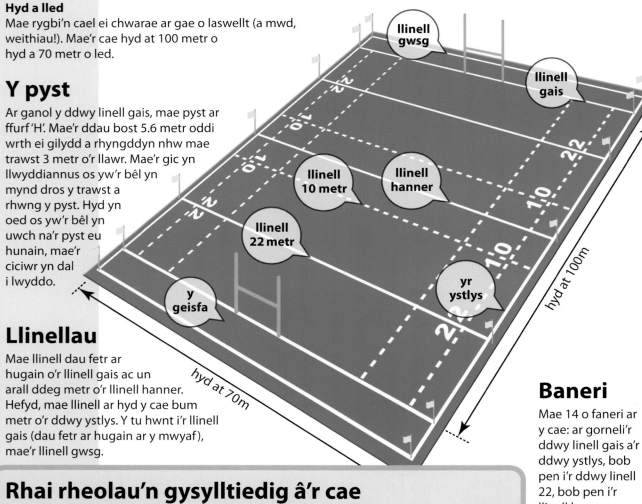

Llinellau

Mae llinell dau fetr ar hugain o'r llinell gais ac un arall ddeg metr o'r llinell hanner. Hefyd, mae llinell ar hyd y cae bum metr o'r ddwy ystlys. Y tu hwnt i'r llinell gais (dau fetr ar hugain ar y mwyaf), mae'r llinell gwsg.

Baneri

Mae 14 o faneri ar y cae: ar gorneli'r ddwy linell gais a'r ddwy ystlys, bob pen i'r ddwy linell 22, bob pen i'r llinell hanner ac ar y pedwar cornel eithaf (llinellau'r geisfa a'r llinellau cwsg).

Rhai rheolau'n gysylltiedig â'r cae

- Wrth ddechrau gêm ar y llinell hanner, rhaid i'r bêl gyrraedd llinell 10 metr y tîm arall oni bai bod un o'r gwrthwynebwyr yn ei chwarae gyntaf.
- Wrth sgorio cais, rhaid gosod y bêl yn y geisfa (rhwng y llinell gais a'r llinell gwsg).
- Ar ôl cais mae'r gêm yn ailddechrau ar y llinell hanner.
- Does dim hawl taflu'r bêl dros yr ystlys yn fwriadol. Mae'r dyfarnwr yn rhoi cic gosb i'r gwrthwynebwyr os yw hyn yn digwydd.
- Mae leiniau'n digwydd o leiaf 5 metr o'r ystlys.
- Os yw chwaraewr yn dal y bêl yn rhan 22 metr ei dîm ef, mae'n gallu 'galw am y marc'. Rhaid galw 'marc' yn syth ar ôl dal y bêl. Rhaid i'r gwrthwynebwyr gilio 10 metr, a herio'r ciciwr ar ôl iddo ddechrau rhedeg.

Cit

Gwisg – crys, siorts a mwy

Fel arfer mae timau'n gwisgo crysau llewys hir a choler a siorts o gotwm. Roedd siorts yn llawer hirach nag ydyn nhw heddiw yn y dyddiau cynnar. Mae'r sanau'n cyrraedd y pengliniau a phen yr hosan yn troi drosodd.

Mewn gêm, rhaid i'r ddau dîm wisgo crysau sy'n ddigon gwahanol i wahaniaethu rhyngddyn nhw. Er enghraifft, mae tîm Cymru'n gwisgo lliwiau eraill wrth chwarae yn erbyn timau sydd hefyd yn gwisgo crysau cochion, e.e. Canada, Tonga neu'r Unol Daleithiau. Fel arfer, mae rhifau ar gefn y crysau ac o bryd i'w gilydd mae cyfenw'r chwaraewr uwchben y rhif. Mae rhai cwmnïau'n noddi timau rygbi ac felly bydd eu logos yn ymddangos ar grysau rygbi'r timau hynny.

Yn ogystal â'r cit arferol, gall chwaraewyr wisgo padiau ar eu hysgwyddau, tarian geg i amddiffyn y danedd a darn i gynnal y migwrn. Gall y blaenwyr wisgo cap sgrymio. Gall eraill hefyd wisgo cap sgrymio, e.e. Leigh Halfpenny. Ond does dim hawl gwisgo unrhyw beth a allai niweidio chwaraewyr eraill, er enghraifft modrwyon, sipiau, byclau neu glipiau.

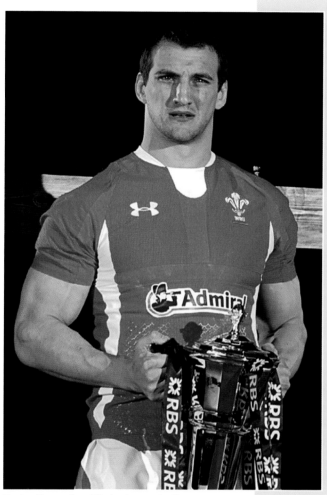

Capten Cymru, Sam Warburton, ar drothwy Cystadleuaeth y Chwe Gwlad, 2013.

Gwisg Cymru yn 1911

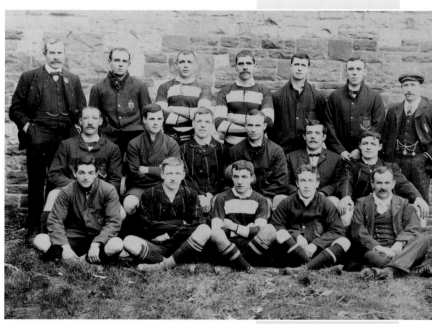

Gwisg tîm Caerdydd, 1900.

Esgidiau Rygbi

Yn y 19eg ganrif, roedd chwaraewyr rygbi'n gwisgo esgidiau lledr trwm gweithwyr cyffredin. Roedd yr esgidiau yn uchel er mwyn amddiffyn y migwrn.

Erbyn heddiw, mae olwyr yn gwisgo esgidiau rygbi isel er mwyn gallu rhedeg yn gyflym, a'r blaenwyr yn gwisgo esgidiau mwy cadarn. Mae'n bwysig fod esgidiau rygbi'n amddiffyn y droed gan fod chwaraewyr yn aml yn sefyll ar draed ei gilydd.

Fel arfer, bydd chwe styden ar flaen esgid rygbi, a dwy o dan y sawdl. Rhaid i stydiau fod yn sownd yn yr esgid ac yn fyrrach na 18mm. Mae stydiau byr yn ddelfrydol ar gaeau caled a sych ond ar gaeau mwdlyd, mae'n well cael stydiau hir. Does dim hawl cael un styden ar flaen yr esgid. Bydd y dyfarnwr yn gwneud yn siŵr nad oes ymylon miniog peryglus ar esgidiau rhag ofn i chwaraewyr gael niwed.

Mae lledr a defnydd synthetig yn cael ei ddefnyddio mewn esgidiau heddiw.

Mae lledr yn gallu ymestyn i ffitio troed chwaraewr yn dda, ond pan fydd yn wlyb, mae'r esgid yn gallu colli ei siâp. Mae esgidiau o ddefnydd synthetig yn rhatach ac yn ysgafnach. Mae'n bwysig dewis esgidiau sy'n ffitio'n dda, rhag cael pothelli. Rhaid gofalu am esgidiau, gan eu glanhau a chadw'r lledr neu'r defnydd synthetig mewn cyflwr da.

Peli Rygbi

Pan ddechreuodd bechgyn chwarae rygbi yn Ysgol Rugby ganol y 19eg ganrif, William Gilbert, crydd Rugby, oedd yn gwneud peli i'r ysgol. Roedd yn defnyddio pledren mochyn a chasyn lledr o'i chwmpas. Roedd rhaid i rywun anlwcus ddefnyddio piben glai i chwythu'r bledren i fyny pan oedd yn wyrdd a drewllyd.

Roedd y peli cyntaf yn grwn ac yn fwy na pheli heddiw. Yn 1892 penderfynwyd ar faint safonol i'r bêl a gwneid canol y bêl o rwber yn lle pledren. Datblygodd y bêl hirgron am ei bod yn haws ei dal wrth redeg. Wrth gwrs, gan ei bod yn hirgron, mae'r bêl yn symud yn wahanol ar y llawr i bêl pêl-droed.

Erbyn hyn rhaid i'r bêl bwyso rhwng 400g a 440g. Rhaid i gylchedd y bêl fod rhwng 760mm a 790mm o hyd a rhwng 580mm a 620mm o led.

Hefyd, rhaid bod pedwar panel i'r bêl.

Pêl ledr oedd yn arfer cael ei defnyddio. Byddai hon yn mynd yn drwm os oedd hi'n wlyb. Ond wedyn, ar ddechrau'r 1980au, dechreuwyd defnyddio defnyddiau synthetig. Mae'r bêl rygbi fodern yn cadw ei siâp beth bynnag yw'r tywydd. Mae wedi'i gwneud o bolywrethan, lledr synthetig, polyester wedi'i lamineiddio, latecs a glud.

Enw un o glybiau rygbi cynnar Cymru oedd 'Rhymney Pig's Bladder Barbarians'.

Clybiau mawr y gorffennol

Delme Thomas yn dathlu curo'r Crysau Duon yn 1972.

Tan yr 1970au, clybiau mawr Cymru oedd Casnewydd, Caerdydd, Abertawe a Llanelli. Roedd gwledydd fel De Affrica, Seland Newydd ac Awstralia yn arfer chwarae yn erbyn y clybiau hyn pan oedden nhw ar daith. Ac yna, daeth clybiau eraill megis Cymry Llundain, Castell-nedd, Pen-y-bont, Pontypridd a Phontypŵl yn fwy amlwg a herio'r hen gyfundrefn.

Dyma rai o gampau'r hen glybiau:

• **Abertawe 11 Seland Newydd 3 yn 1935** – Haydn Tanner a'i gefnder Willie Davies oedd haneri Abertawe; roedd y ddau yn 18 oed ac yn eu tymor olaf yn Ysgol Sirol Tregŵyr. Ar ôl y gêm, meddai capten Seland Newydd, Jack Manchester, "Rhoddodd Haydn Tanner a Willie Davies berfformiadau gwych. Cewch ddweud wrthyn nhw gartref ein bod ni wedi cael ein curo, ond peidiwch dweud mai gan ddau fachgen ysgol oedd hynny!" ("Tell them back home we were beaten by all means, but please not by a couple of school kids!")

• **Caerdydd 8 Seland Newydd 3 yn 1953** – Bleddyn Williams oedd capten Caerdydd a llwyddodd hefyd i guro'r Crysau Duon yng nghrys Cymru.

• **Llanelli 9 Seland Newydd 3 yn 1972** – Roedd clwb rygbi Llanelli'n dathlu 100 mlynedd yn 1972. Arweiniodd Delme Thomas, y capten, ei dîm i'r cae ar ôl clywed yr hyfforddwr Carwyn James o Gefneithin yn dweud ei fod yn hyderus y gallen nhw ennill. Unig gais y gêm oedd pan darodd Phil Bennett y trawsbren gyda'i gic gosb, ciciodd un o chwaraewyr Seland Newydd y bêl ymlaen ond roedd Roy Bergiers yno i daro'r bêl i lawr a sgorio'r cais a enillodd y gêm.

• **Yn erbyn Awstralia** – Mae Caerdydd wedi chwarae Awstralia chwe gwaith, ac wedi eu curo bob tro! Curodd Llanelli ac Abertawe dîm Awstralia yn 1992. Ar y pryd, nhw oedd Pencampwyr y Byd!

• **Campau Casnewydd.** Rhwng 1957 ac 1974 curodd Casnewydd Awstralia, Seland Newydd, De Affrica a Tonga.

• **Casnewydd 3 Seland Newydd 0 yn 1963.** Chwaraeodd XV Wilson Whineray 34 o gêmau yn ystod eu taith o gwmpas Prydain, Iwerddon a Ffrainc a cholli dim ond un gêm. Enillodd Casnewydd o 3–0, diolch i gic adlam Dick Uzzell ar Rodney Parade.

Yng Nghymru heddiw, mae 293 o glybiau'n rhan o Undeb Rygbi Cymru. Ceir pedwar rhanbarth mawr, 14 clwb yn yr Uwch Gynghrair, a gweddill y clybiau mewn Cynghreiriau ar bum lefel.

Gwefannau i gael rhagor o hanes y clybiau:

www.swansearfc.co.uk
www.llanellirugby.com
www.cardiffrfc.com
www.blackandambers.co.uk
www.neathrugby.co.uk
www.ponty.net

Rhanbarthau Rygbi Cymru

- **Scarlets**
  gorllewin a chanolbarth Cymru.

- **Gweilch**
  Abertawe, Castell-nedd, Aberafan,
  Maesteg a Phen-y-bont.

- **Gleision**
  Caerdydd, Pontypridd, cymoedd Morgannwg
  a De Powys

- **Dreigiau Casnewydd Gwent**
  Casnewydd a chymoedd Gwent

- **RGC 1404**
  Gogledd Cymru

Llanelli

Castell-nedd

Casnewydd

Abertawe

Caerdydd

Cafodd rhanbarthau rygbi Cymru eu creu yn 2003. Yn wreiddiol, roedd pum rhanbarth ond daeth y Rhyfelwyr Celtaidd (ardal Pontypridd a Phen-y-bont) i ben yn 2004. Roedd llawer o bobl yn anhapus iawn pan gafodd y rhanbarthau eu ffurfio. Roedd hi'n hawdd i rai rhanbarthau – er enghraifft roedd y Scarlets yn dilyn ymlaen yn naturiol o glwb rygbi Llanelli. Ond roedd hi'n fwy anodd i dimau Abertawe, Castell-nedd a Phen-y-bont i ddod at ei gilydd i ffurfio'r Gweilch ac i gefnogwyr Pontypridd ddechrau cefnogi'r Gleision. Mae rhai pobl yn ei chael hi'n anodd i fynd i weld tîm eu rhanbarth lleol yn chwarae oherwydd eu bod yn gweld eisiau'r hen glwb roedden nhw'n arfer ei gefnogi.

Timau'r rhanbarthau sy'n cynrychioli Cymru yn y Cynghrair RaboDirect PRO12 (y Cynghrair Celtaidd gynt), Cwpan Heineken, Cwpan Amlin a Chwpan LV=. Enillodd y Gleision Gwpan Amlin gyda buddugoliaeth o 28–21 yn erbyn Toulon yn y Rownd Derfynol yn Marseille yn 2010. Enillodd y Scarlets y Cynghrair Celtaidd yn 2003–04 ac yn nhymor 2011–12 daeth y Gweilch yn bencampwyr am y trydydd tro pan faeddon nhw Leinster mas yn Nulyn o 31–30. Hefyd curodd y Gweilch Awstralia 21–6 ym mis Tachwedd 2006.

Bydd chwaraewyr gorau'r clybiau yn y cynghreiriau is yn symud ymlaen i gynrychioli eu rhanbarth. Mae gan bob rhanbarth Academi i chwaraewyr ifainc rhwng 15 a 19 oed. Byddant yn cael hyfforddiant ffitrwydd, cyngor maeth, sgiliau seicolegol ac ati fel y gallant ddod yn chwaraewyr proffesiynol i'r rhanbarth maes o law. Ond yn hytrach na'u cadw'n 'ddiogel' yn yr Academi, mae'r rhanbarthau eisiau iddyn nhw fagu profiad wrth chwarae rygbi 'go iawn' bob dydd Sadwrn gyda chlwb o'r cynghreiriau is. Datblygiad diddorol yw gweld twf a datblygiad RGC 1404 (Rygbi Gogledd Cymru; 1404 oedd y flwyddyn y daeth Owain Glyndŵr yn Dywysog Cymru) – bwriad y tîm yw datblygu chwaraewyr yn y Gogledd a'u gweld yn cynrychioli Rhanbarthau'r De.

Scarlets

Parc y Strade oedd cartref tîm rhanbarthol Scarlets Llanelli a thîm rygbi Llanelli. Roedd rygbi wedi'i chwarae yno er 1879. Mae sawl gêm gofiadwy wedi cael ei chwarae ar y cae hwnnw. Curodd Llanelli Awstralia yno yn 1967 a churo Seland Newydd o 9 i 3 yn 1972 o dan gapteniaeth Delme Thomas. Chwaraewyd y gêm olaf ar Barc y Strade yn erbyn Bryste ar y 24ain o Hydref 2008 gyda'r canolwr Rob Higgitt yn hawlio'r cais olaf un.

Yn ystod tymor 2008/09 symudodd Llanelli a'r Scarlets i Stadiwm Parc y Scarlets ar gyrion y dref lle mae modd i 15,000 o gefnogwyr wylio mewn awyrgych foethus. Fel y dywedodd y sylwebydd Gareth Charles, "Theatr newydd ond yr un fydd y freuddwyd."

Josh Turnbull

Jonathan Davies yn ei seithfed nef ar ôl hawlio cais arall.

Y canolwr dawnus, Scott Williams.

Gweilch

Mae Stadiwm Liberty ychydig o filltiroedd i'r dwyrain o ganol dinas Abertawe. Dyma'r ardal lle roedd diwydiannau trwm yr ardal yn y gorffennol. Ar y safle hwn roedd Gwaith Copr Morfa a Gwaith Arian Glandŵr tan ganol y 1920au.

Agorwyd y stadiwm sydd â lle i dros 20,000 o bobl yn 2005. Mae'n gartref i dîm rygbi rhanbarthol y Gweilch a thîm pêl-droed Abertawe. Felly mae hyd at 60 o gêmau pêl-droed a rygbi'n cael eu chwarae yno mewn tymor.

Yr amryddawn Justin Tipuric.

Eli Walker yn croesi yn y gornel.

Y bachwr bywiog, Richard Hibbard.

Gleision

Er 1848 mae campws Parc yr Arfau wedi bod yn gysylltiedig â chwaraeon. Am flynyddoedd chwaraewyd rygbi ar un o'r meysydd a chriced ar y llall – Caerdydd a Chymru'n rhannu'r cae rygbi tan 1969. Yn dilyn penderfyniad clwb criced Morgannwg i symud i diroedd Gerddi Soffia datblygwyd yr hen gae criced yn gae pwrpasol ar gyfer Clwb Rygbi Caerdydd. Penderfynodd tîm rhanbarthol y Gleision chwarae yn Stadiwm Dinas Caerdydd rhwng 2009 a 2012 ond bellach maen nhw wedi dychwelyd i Barc yr Arfau.

Roedd yr hen Barc yr Arfau yn enwog ledled y byd yn dilyn buddugoliaethau'r crysau cochion yn erbyn Seland Newydd yn 1905, 1935 ac 1953. Ehangwyd y maes yn 1969 a'i enwi yn Stadiwm Cenedlaethol a'i weddnewid yn llwyr yn nawdegau'r ganrif ddiwethaf ar gyfer Cwpan Rygbi'r Byd 1999. Stadiwm y Mileniwm yw'r enw presennol ar y lle.

Mae tîm rygbi Caerdydd wedi cael buddugoliaethau cofiadwy ar Barc yr Arfau – maeddu De Affrica yn 1907, Seland Newydd yn 1953, ac Awstralia yn 1908, 1947, 1957, 1966, 1975 ac 1984. Yn 1958 roedd Parc yr Arfau yn gartref i Fabolgampau'r Gymanwlad.

Yn 1969, roedd Parc yr Arfau'n cael ei ehangu. Roedd hen stadiwm y gogledd wedi'i thynnu i lawr, a thorf o 29,000 yn unig oedd ar dair ochr arall y cae. A dweud y gwir, safle adeiladu oedd y lle ar y pryd, a gweithwyr yn dal ati i weithio tra oedd y gêmau'n mynd ymlaen!

Y mewnwr celfydd, Lloyd Williams.

Alex Cuthbert yn gwibio am y llinell gais.

Y maswr addawol, Rhys Patchell, yn osgoi crafangau Billy Twelvetrees.

Dreigiau Casnewydd Gwent

Am gant tri deg o flynyddoedd mae Rodney Parade ar lannau'r Wysg yng Nghasnewydd wedi bod yn ganolfan i'r campau yn y ddinas. Ar y campws eang roedd yna gyrtiau tennis ar borfa, lawntiau ar gyfer bowlio, trac athletau a chaeau rygbi a chriced lle chwaraeodd Morgannwg griced dosbarth cyntaf tan 1990. Chwaraewyd chwe gêm rygbi ryngwladol yma rhwng 1884 ac 1912.

Yn ddiweddar datblygwyd Rodney Parade gyda Chlwb Rygbi Casnewydd, Dreigiau Casnewydd a Chlwb Pêl-droed Casnewydd yn rhannu'r cyfleusterau.

Y blaenasgellwr rhyngwladol dinistriol, Dan Lydiate.

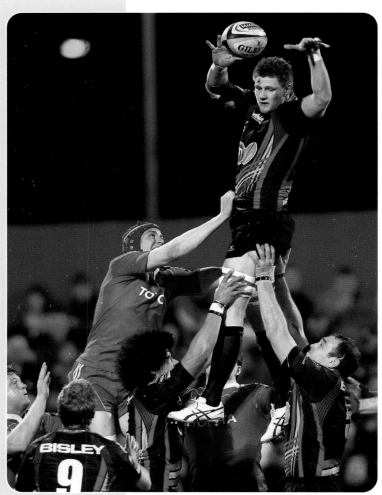

Andrew Coombs yn llwyddo yn y lein.

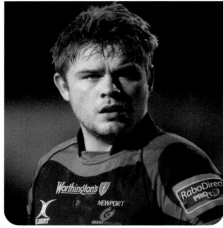

Lewis Evans, un o sêr y Dreigiau.

Clybiau lleol

Yn is na'r clybiau rhanbarthol, mae 14 o glybiau sy'n chwarae i'r Uwch Gynghrair (y *Principality*). O dan y rheiny wedyn mae holl glybiau eraill Cymru a'r cynghreiriau wedi'u rhannu yn ôl safon ac ardal.

Bydd eich clwb lleol yn chwarae gêmau yn un o'r cynghreiriau hyn. Mae'n dibynnu ar faint y clwb ond, fel arfer, bydd gan eich clwb lleol y timau hyn:

- tîm cyntaf
- ail dîm (neu dîm datblygu)
- tîm ieuenctid o dan 19 oed
- nifer o dimau i blant ac ieuenctid – tîm o dan 8 ac ymlaen drwy'r oedrannau hyd at dîm o dan 16 oed
- tîm rygbi merched

Mae llawer o bobol yn gweithio'n wirfoddol i'r timau lleol er mwyn creu cyfleon i chwarae rygbi. Os hoffech chi chwarae rygbi tu allan i'r ysgol, bydd croeso cynnes i chi yn eich clwb lleol.

Ysgolion Cymru

Ar hyd y blynyddoedd mae ysgolion ledled Cymru wedi chwarae rhan hollbwysig yn nhwf a datblygiad gêm y bêl hirgron. Am gyfnod hir yr ysgolion uwchradd a'r ysgolion bonedd oedd yn bennaf cyfrifol am feithrin a hybu'r sgiliau, gydag athrawon yn rhoi o'u hamser yn hyfforddi ar ôl ysgol ac yn trefnu gêmau ar foreau Sadwrn. Yn y saithdegau gwelwyd nifer fawr o ysgolion cynradd yn cyflwyno'r gêm ar ffurf Rygbi Mini.

Mae nifer fawr o chwaraewyr disglair y gorffennol wedi talu teyrnged i'r gyfundrefn hon – Bleddyn Williams a Wilfred Wooller yn Ysgol Breswyl Rydal, Cliff Jones a Vivian Jenkins yng Ngholeg Llanymddyfri, Barry John a Gareth Davies yn Ysgol y Gwendraeth, Terry Price yn Ysgol Ramadeg Llanelli a Robert Jones a Bleddyn Bowen yn Ysgol Cwmtawe. Mae nifer o chwaraewyr cyfoes yr un mor ddyledus i athrawon brwdfrydig – Dwayne Peel ym Maes-yr-yrfa, Jamie Robinson yn Ysgol Glantaf a Sam Warburton yn Ysgol yr Eglwys Newydd.

Gêm Gwpan gystadleuol rhwng Ysgol Gyfun Glantaf ac Ysgol Gyfun yr Eglwys Newydd.

Rownd Derfynol Tarian Dewar rhwng Ysgolion Caerdydd ac Ysgolion y Rhondda.

Yn anffodus, lleihau mae nifer yr ysgolion sy'n chwarae'n gyson ond mae cyfraniad yr ychydig sy'n brwydro i ddiogelu'r safonau a chyfrannu at lwyddiant y gêm yn tystio i'r diddordeb sy'n dal i fodoli o fewn gatiau'r ysgol.

Rygbi yn gêm i bawb – o bob oedran!

Rygbi merched

Gêm i fechgyn yn unig yw rygbi? Dim o gwbl. Roedd hynny'n arfer bod yn wir, ond erbyn hyn mae cyfle i ferched chwarae mewn timau ar bob lefel.

Mae tua 1,500 o ferched yn chwarae rygbi'n gyson a cheir 25 o glybiau merched hŷn.

Gall merched o dan 12 oed chwarae mewn timau cymysg. Wedyn mae timau i ferched o dan 14, o dan 17 a thîm merched hŷn. Mae'r merched gorau yn cael bod yng ngharfan Cymru a chwarae dros eu gwlad.

Jessica Thomas o'r Gleision yn llawn rhedeg.

Llinell amser rygbi merched

1970au – dechreuodd merched chwarae rygbi.

1983 – sefydlwyd Undeb Rygbi Merched i Gymru a Lloegr.

1986 – chwaraeodd merched o Gymru yn y gêm ryngwladol gyntaf – tîm Prydain Fawr yn erbyn Ffrainc.

1987 – y gêm gyntaf rhwng merched Cymru a Lloegr.

1991 – cystadleuaeth Cwpan Rygbi Merched y Byd yn cael ei chynnal am y tro cyntaf.

1995 – sefydlu cystadleuaeth rhwng timau ynysoedd Prydain: Cymru, Lloegr, yr Alban ac Iwerddon.

2001 – sefydlu cystadleuaeth y chwe gwlad, sef Cymru, Lloegr, yr Alban, Iwerddon, Ffrainc a Sbaen. Erbyn hyn, mae tîm o'r Eidal yn chwarae yn lle'r tîm o Sbaen.

Merched Cymru yn erbyn merched Iwerddon, 2007.

Non Evans

Does dim dwywaith fod Non Evans o Bontarddulais yn un o hoelion wyth Tîm Rygbi Merched Cymru. Mae bellach wedi ymddeol o'r gamp ond chwaraeodd 87 o weithiau i'r tîm cenedlaethol a chroesi am 64 cais. Non lwyddodd â chic ola'r gêm a seliodd y fuddugoliaeth hanesyddol yn erbyn Lloegr yn 2009 – yr unig dro i Gymru faeddu'r hen elyn! Roedd Non yn gyflym dros y llathenni cyntaf ac yn hynod bwerus. Enillodd fedal arian fel ymladdwraig Jiwdo ym Mabolgampau'r Gymanwlad ac erbyn hyn mae'n sylwebydd craff a gwybodus ar godi pwysau a rygbi.

Non Evans yn cael ei derbyn i Oriel yr Anfarwolion.

Non Evans yn llwyddo â chic ola'r gêm i gipio buddugoliaeth gyntaf Cymru yn erbyn yr hen elyn Lloegr yn 2009.

Merched Cymru yn brwydro am feddiant yn erbyn yr Eidal.

Pobl allweddol

Chwaraewyr

Leigh Halfpenny

Er 1995 mae tua 140 o chwaraewyr yng Nghymru yn ennill eu bywoliaeth drwy chwarae rygbi'n broffesiynol. Y rhain yw'r chwaraewyr ar y lefel uchaf sy'n cynrychioli'r rhanbarthau. Breuddwyd pob Cymro neu Gymraes sy'n chwarae rygbi yw ennill cap a gwisgo'r crys coch wrth chwarae dros Gymru.

Un o'r chwaraewyr mwyaf cyffrous ar hyn o bryd yw cefnwr y Gleision a Chymru, Leigh Halfpenny. Mae Leigh wedi meistroli'r holl sgiliau sy'n gysylltiedig â'i safle yn ogystal â bod yn giciwr dibynadwy at y pyst. Yn ei arddegau roedd Leigh yn treulio oriau yn ymarfer ei gicio yng nghwmni ei dad-cu, Malcolm Halfpenny. 'Drwy ymarfer y perffeithir pob crefft' oedd athroniaeth y ddau a bu'n rhaid teithio i Benclawdd a'r Dyfnant yn yr haf lle roedd y pyst yn eu lle ar gaeau rygbi'r pentrefi drwy gydol y flwyddyn.

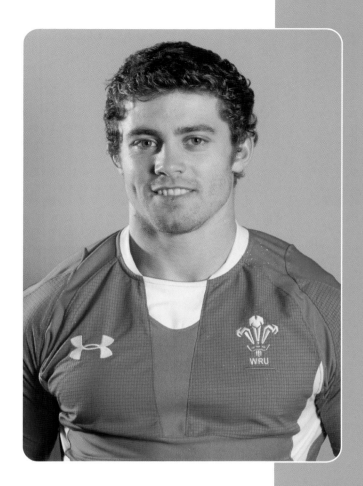

Holiadur Leigh Halfpenny

Clwb: Gleision
Safle: Cefnwr
Man geni: Abertawe
Dyddiad geni: 27 Rhagfyr 1988
Taldra: 1 metr 80 cm (5 troedfedd 10 modfedd)
Pwysau: 86 cilogram
Ysgol Gynradd: Pontybrenin
Ysgol Uwchradd: Ysgol Gyfun Pen-yr-heol, Gorseinon.
Gêm fwyaf cofiadwy: Iwerddon V Cymru – gêm y Gamp Lawn 2012.
Capiau rhyngwladol hyd at Hydref 2012: 35
Campau eraill sy o ddiddordeb: Pêl-droed, Athletau a Golff.
Hoff fwyd: Rhywbeth Eidalaidd.
Gwrthwynebwyr mae e'n eu edmygu: Kurtley Beale a Rob Kearney.

Wythnos ym mywyd Leigh Halfpenny

Dydd Llun: Ffitrwydd yw'r nod yn ystod y sesiwn foreol – mae'n bwysig ein bod ni mewn cyflwr da i chwarae'r gêm. Bwyta gyda'n gilydd fel tîm amser cinio, gan fwyta bwydydd iach. Yr hyfforddwyr yn dweud y drefn yn ystod y prynhawn; yr olwyr a'r blaenwyr ar wahân am ychydig ac yna'n perffeithio symudiadau a thrafod tactegau.

Dydd Mawrth: Gwylio fideos o'n gwrthwynebwyr i weld pa fath o gêm maen nhw'n ei chwarae a beth yw eu gwendidau. Ymarfer rygbi wedyn, achos mae'n bwysig i bob aelod o'r tîm ddeall ei rôl. Fel cefnwr, mae'n bwysig i mi ymarfer fy nghicio, felly rwy'n aros yn hwyrach i ganolbwyntio ar hynny.

Dydd Mercher: Ymarfer rygbi eto yn ogystal ag ymarfer fy nghicio am awr neu ddwy wedi i'r gweddill fynd i'r gawod. Ambell brynhawn bydd gennym ddyletswyddau yn y gymuned gan gynnwys hyfforddi plant ysgol. Mae'r garfan gyfan yn mwynhau cyfarfod â chefnogwyr ifanc.

Dydd Iau: Diwrnod ar gyfer ymlacio. Mae rygbi'n gêm gorfforol iawn felly mae'n bwysig rhoi amser i'r corff orffwys. Hyd yn oed ar fy niwrnod rhydd rwy'n ymarfer cicio. Wedyn, fel arfer, rwy'n cwrdd â ffrindiau am goffi a sgwrs. Weithiau mae'n rhaid gwneud gwaith i'r clwb. Heddiw rwy'n gorfod modelu dillad newyd ar gyfer siop yng Nghaerdydd. Mae'n eitha hwyl gwneud y math yma o beth.

Dydd Gwener: Diwrnod cyn y gêm rydyn ni'n cael 'team run' lle mae'r holl fechgyn sy'n chwarae yn cael un sesiwn ymarfer olaf. Fe fyddwn yn gweithio ar y symudiadau a thactegau ry'n ni'n bwriadu'u defnyddio yn erbyn ein gwrthwynebwyr. Ymarfer fy nghicio eto.

Dydd Sadwrn: Diwrnod y gêm fawr a ben bore fe fydda i mas ar gae rygbi yn ardal Gorseinon yn ymarfer rhyw 6 neu 8 cic at y pyst er mwyn cynefino â'r hyn sy'n debygol o ddigwydd yn ddiweddarach. Fydda i ddim yn bwyta llawer cyn y gêm achos mae'n rhaid gwneud yn siŵr fod y corff ar ei orau cyn chwarae. Mae seicoleg yn bwysig iawn hefyd ac mae'n rhaid canolbwyntio'n llwyr cyn mynd ar y cae chwarae. Ar ôl y gêm mae'r ddau dîm yn cwrdd ac yn bwyta gyda'i gilydd. Mae rygbi'n ffordd grêt o ddod i nabod pobol a gwneud ffrindiau newydd.

Dydd Sul: Diwrnod ar ôl y gêm rwy'n tueddu i ymlacio. Rwy'n mwynhau llawer o chwaraeon ac yn hoffi gwylio pêl-droed neu chwarae golff. Rwy hefyd yn cael cinio dydd Sul gyda fy nheulu. Maen nhw wedi bod yn gefnogol iawn i mi gydol fy ngyrfa.

Capten y tîm

Y tîm hyfforddi (gweler tudalen 50) sy'n penderfynu pwy ddylai fod yn gapten ar y tîm.

Maen nhw'n chwilio am rywun sy'n:

- chwaraewr cyson
- siarad yn dda (yn aml iawn, y capten sydd â'r gair olaf cyn mynd ar y cae)
- gallu arwain drwy esiampl
- gweithio'n galed ar y cae
- ysbrydoli chwaraewyr eraill
- ymgorffori gwerthoedd y clwb.

Fel y dywedodd y diweddar **Ray Gravell**:
"Ddylai capten ddim gofyn i neb wneud dim na fyddai'n fodlon ei wneud ei hunan."

Cofiai Ray am **Delme Thomas**, capten Llanelli, yn siarad cyn y gêm enwog yn erbyn Seland Newydd yn 1972:
"Dywedodd Delme y byddai'n fodlon aberthu popeth roedd e wedi'i gael yn y byd rygbi i gael y fuddugoliaeth y prynhawn hwnnw. A fyddai e ddim eisiau neb arall, dim ond y rhai oedd yn yr ystafell newid, gydag e i wynebu'r Crysau Duon."

Cafodd y tîm ei ysbrydoli gan ei eiriau, ac ennill 9–3.

Weithiau, mae'n anodd i chwaraewr ymdopi â bod yn gapten. Dydy rhai chwaraewyr ddim yn chwarae cystal ar ôl cael eu dewis yn gapten. Wedyn, rhaid i'r hyfforddwyr ailfeddwl a chwilio am gapten arall.

Dyma rai o gapteiniaid gorau Cymru: **Bleddyn Williams** – y capten olaf i arwain Cymru i fuddugoliaeth yn erbyn Seland Newydd yn 1953.

John Gwilliam – yr unig gapten i arwain Cymru i ddwy Gamp Lawn a hynny yn 1950 ac 1952.

Clive Rowlands – bu'n gapten bob tro y chwaraeodd dros Gymru, 14 gwaith i gyd.

John Dawes, John Lloyd, Mervyn Davies a **Phil Bennett** – capteiniaid Cymru yn ystod Oes Aur y 1970au.

A dyma restr o rai o gapteiniaid llwyddiannus y cyfnod diweddar – **Ieuan Evans, Robert Howley, Gareth Thomas, Michael Owen, Ryan Jones** a **Sam Warburton**.

Capten Cymru yn y gêm rhwng Iwerddon a Chymru yn Belfast ym 1914 oedd y Parch. J. Alban Davies. Ond doedd dim byd yn barchus am y gêm hon. 'The Terrible Eight' oedd llysenw pac Cymru, a threuliodd nifer o'r chwaraewyr eu hamser yn ymladd yn y gêm pan nad oedd y bêl yn agos atyn nhw. Cafodd y gêm ei chofio yn Iwerddon fel 'The Roughest Ever'.

Sam Warburton

Phil Bennett

Robin McBryde, hyfforddwr sgiliau'r blaenwyr.

Shaun Edwards

Robert Howley – prif hyfforddwr Cymru, 2013.

Y tîm hyfforddi

Mae gan y tîm cenedlaethol a thimau'r rhanbarthau griw o bobl sy'n gweithio i hyfforddi'r tîm:
- Prif hyfforddwr/cyfarwyddwr rygbi
- Hyfforddwyr y blaenwyr/olwyr
- Hyfforddwyr yr ymosod/ yr amddiffyn
- Hyfforddwyr ffitrwydd
- Hyfforddwr sgiliau (gyda'r tîm cenedlaethol)
- Maethegydd

Bydd gan glybiau yn y cynghreiriau is hefyd nifer o hyfforddwyr – e.e. prif hyfforddwr, hyfforddwr ffitrwydd, hyfforddwyr blaenwyr/olwyr – sy'n hyfforddi'r tîm cyntaf a'r tîm datblygu.

Un o'r prif bethau mae'r hyfforddwyr yn ei wneud yw penderfynu cyfeiriad hyfforddi'r tîm. Bob tro y bydd y tîm yn chwarae, bydd fideo'n cael ei wneud o'r gêm a dadansoddwyr fideo'n mynd ati i ddidoli gwybodaeth am wahanol bethau. Er enghraifft, pa ganran o'r meddiant gafodd y tîm, sawl tacl a gollwyd, sawl tro a sut yr enillodd y tîm y lein ac ati. Yn ogystal, mae darnau gwahanol yn cael eu rhoi at ei gilydd am bob chwaraewr unigol yn y tîm. 'Sports coding' yw'r enw am hyn. Ar ddiwedd y broses hon bydd yr hyfforddwyr yn gallu gwylio pob enghraifft o sgrymiau, sgarmesi, ryciau, leiniau a chwarae rhydd. Hefyd bydd ganddyn nhw glipiau o chwaraewr unigol yn taclo, pasio, cicio neu'n rhedeg â'r bêl.

Hefyd, cyn pob gêm, bydd yr hyfforddwyr yn edrych ar ddadansoddiad o gêmau'r gwrthwynebwyr fel bod pob chwaraewr yn gwybod beth i'w ddisgwyl gan y tîm i gyd a chan chwaraewyr unigol.

Warren Gatland

Y prif hyfforddwr / cyfarwyddwr rygbi

Dyma'r person pwysicaf yn y tîm hyfforddi. Mae angen iddo ysbrydoli'r chwaraewyr i wneud eu gorau glas ym mhob gêm ac wrth hyfforddi yn ystod yr wythnos.

Mae'r hyfforddwyr gorau yn:
- asio'r garfan at ei gilydd
- trin pob chwaraewr yn deg
- deall cryfderau a gwendidau pob unigolyn
- gwrando ar syniadau'r chwaraewyr
- gosod targedau realistig
- deall seicoleg a sut i ysbrydoli pobl.

Cymru oedd y wlad gyntaf erioed i gael hyfforddwr. David Nash oedd enw hyfforddwr cyntaf Cymru yn 1968. Dechreuodd y tîm gwrdd ar ddydd Suliau i ymarfer cyn gêmau rhyngwladol. Cyn hynny, roedd gan dîm Cymru reolwr i fynd ar daith, ond y capten oedd yn penderfynu ar dactegau, ac roedd aelodau'r tîm yn cwrdd â'i gilydd am y tro cyntaf tua 48 awr cyn gêm.

Simon Easterby – y gŵr sy'n llywio dyfodol y Scarlets.

Steve Tandy

(Prif hyfforddwr y Gweilch)
Tan yn gymharol ddiweddar, roedd Steve Tandy yn flaenasgellwr mawr ei barch i'r Gweilch. Yn dilyn anaf penderfynodd fentro i faes hyfforddi ac ar ôl tymor llwyddiannus yn dysgu'i grefft ar Gae'r Bragdy gyda thîm Pen-y-bont gofynnwyd iddo gymryd yr awenau ar Stadiwm Liberty ddiwedd tymor 2011/12. Mae'r Gweilch eisoes wedi elwa o'i allu – enillwyd Cynghrair y RaboDirect PRO12 ac mae carfan Alun Wyn Jones eisoes wedi ymateb yn bositif i'w arweiniad yn ystod y tymor presennol.

Mae Steve yn llawn brwdfrydedd ac egni a'r chwaraewyr yn fwy na pharod i ymateb i ŵr sy'n wybodus ac yn llawn emosiwn.

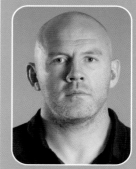

Steve Tandy

Mike Ruddock

(Hyfforddwr Cymru rhwng 2004 a mis Chwefror 2006, gan gynnwys y Gamp Lawn yn 2005)

"Fe fuodd Mike Ruddock yn allweddol wrth drosglwyddo'r elfen o Gymreictod i'w chwaraewyr. Gwnaeth iddyn nhw sylweddoli ein bod ni'n wahanol i bawb arall. Fe fuodd e'n olrhain hanes Cymru ac yn codi ymwybyddiaeth o'n hanes drwy sôn am Llywelyn a Glyndŵr." (Ray Gravell)

Graham Henry

(Hyfforddwr Cymru rhwng 1998 a 2003)

"Fel gŵr o Seland Newydd, efallai nad oedd Graham Henry mor emosiynol â rhai o'r Cymry fuodd yn hyfforddi Cymru. Ond roedd y meddylfryd a'r agwedd yn iawn – rhaid ennill ar bob cyfrif. Ac ennill gydag argyhoeddiad." (Ray Gravell)

"Er iddo gael rhediad o 10 gêm heb golli gyda Chymru, yn y pen draw doedd e ddim yn deall anian y Cymro'n iawn. Roedd e'n trio dod â phethau oedd yn gweithio yn Seland Newydd i mewn i gêm y Cymry. Ond roedd traddodiad y gêm yng Nghymru'n wahanol, a bechgyn Cymru (ar y pryd) yn llai o faint na bechgyn Seland Newydd. Felly roedd gêm Henry yn annaturiol i'r Cymry am ei bod yn dibynnu mwy ar bŵer na sgìl." (Huw Llywelyn Davies)

Mike Ruddock

John Dawes

(Hyfforddwr Cymru rhwng 1974 a 1979)

Enillodd Cymru 4 Coron Driphlyg yn olynol yn y pedair blynedd 1976–79 a dwy Gamp Lawn yn 1976 a 1978 o dan ei arweiniad.

"Roedd John Dawes wedi bod yn gapten ar y Llewod ac ennill y gyfres yn erbyn Seland Newydd yn 1971. Er nad oedd yn un o'r chwaraewyr disgleiriaf, roedd yn uchel ei barch ac yn gwneud y pethau sylfaenol yn iawn. Roedd yn gallu darllen a deall y gêm yn dda ac yn llwyddo i gyfleu hynny i'r chwaraewyr. Ac yn goron ar y cyfan, roedd yn gallu trin pobl yn dda." (Huw Llywelyn Davies)

Clive Rowlands

(Hyfforddwr Cymru rhwng 1968 a 1974, y person ifancaf i fod yn hyfforddwr ar ei wlad)

"Cymro i'r carn. Gwladgarwr angerddol. Roedd yn feistr ar ddefnyddio seicoleg ac yn angerddol a llafar iawn yn yr ystafell newid." (Ray Gravell)

"Mae gan Clive Rowlands record arbennig iawn yn rygbi'r byd – mae wedi dal pob swydd bosibl – bu'n chwarae dros ei wlad ac yn gapten ac yn hyfforddwr y tîm cenedlaethol, bu'n ddewiswr ac yn gadeirydd y dewiswyr, yn llywydd Undeb Rygbi Cymru ac yn rheoli'r Llewod. Ac mae wedi gwneud hyn i gyd yn erbyn Seland Newydd. Mae e hyd yn oed wedi canu mewn côr cyn gêm Seland Newydd!" (Huw Llywelyn Davies)

Graham Henry

Clive Rowlands

Carwyn James
(Hyfforddwr Llanelli yn y 1970au a'r Llewod yn 1971)

Ni fu Carwyn James erioed yn hyfforddi Cymru, ond bu'n un o'r hyfforddwyr mwyaf dylanwadol yng Nghymru. Bu Gareth Jenkins, prif hyfforddwr Cymru, a Ray Gravell yn chwarae yn nhîm Llanelli pan oedd Carwyn James yn hyfforddwr. Bu Carwyn James hefyd yn hyfforddi am gyfnod ar ddiwedd y 1970au yn Rovigo yn yr Eidal, a bu'n helpu i ddatblygu rygbi'r Eidal. Enwyd Canolfan Carwyn James yn Ysgol y Gwendraeth ar ei ôl, oherwydd ei fod yn arwr a fagwyd yn yr ardal, ac mae adeilad chwaraeon Prifysgol Cymru Aberystwyth hefyd wedi'i enwi ar ei ôl.

"Roedd Carwyn yn athrylith – mewn sawl maes. Roedd e'n adnabod pob un fel unigolyn ac yn gwybod sut i'n cael ni i chwarae ar ein gorau. Roedd yn gwneud i mi feddwl fy mod i'n well chwaraewr nag oeddwn i. Un tro, fe ddwedodd e wrtha i, 'Raymond, rwyt ti'n mynd i gynrychioli dy wlad.' Dechreuais innau gredu hynny, a dyna ddigwyddodd yn y pen draw. Roedd ganddo bresenoldeb arbennig. Roedd yn dawel ond yn hyderus yn yr ystafell newid ac yn gallu beirniadu mewn ffordd adeiladol iawn."
(Ray Gravell)

Alex Lawson

Hyfforddwr ffitrwydd
Gwaith hyfforddwr ffitrwydd yw paratoi'r chwaraewyr yn gorfforol i chwarae gêm o rygbi. Rhaid gwella ffitrwydd aerobig y chwaraewyr (fel bod corff y chwaraewr yn gwneud gwell defnydd o ocsigen). Hefyd rhaid gwneud i'r chwaraewyr fod yn gryfach ac yn gyflymach.

Felly mae'r hyfforddwr yn llunio rhaglen o ymarferion sy'n addas i rygbi. Mae hyn yn cynnwys:
- ymarferion cryfder a phŵer – codi pwysau, llusgo pwysau – hyd at 100 y cant o bwysau'r corff – ymlaen ac am yn ôl
- ymarferion cyflymder – sbrintio
- ymarferion hyblygrwydd – ymestyn
- ymarferion neidio, hercian a llamu (*plymetric training*)
- campau eraill (*cross-training*), e.e. nofio, gêmau gyda pheli o wahanol faint, e.e. criced.

Yn ôl Alex Lawson, sy'n hyfforddwr ffitrwydd gyda Dreigiau Casnewydd Gwent, mae'r ymarferion hyn yn gallu cael effaith fawr ar gyrff chwaraewyr:

"Mae effaith hyfforddiant ffitrwydd ar chwaraewyr ifainc (o dan 19 oed) yn rhyfeddol, gan eu bod nhw'n dal i dyfu. Hefyd mae chwaraewyr hŷn yn gallu gwella eu perfformiad yn fawr. Wrth fod yn fwy ffit, maen nhw'n gallu chwarae ar eu gorau am 80 munud. Ond mae angen i'r chwaraewr ei hun ymdrechu ac aberthu. Dim ond llunio rhaglen iddyn nhw mae hyfforddwr ffitrwydd yn ei wneud."

Maethegydd

Mae gan dîm Cymru faethegydd sy'n llunio rhaglen fwyta i'r holl chwaraewyr rhyngwladol. Bedair gwaith bob tymor, bydd y chwaraewyr yn cael profion i weld faint o fraster sydd ar eu cyrff. Hefyd byddan nhw'n cael profion gwaed a phoer. Wedi gweld canlyniadau'r profion hyn, bydd y maethegydd yn gallu llunio rhaglen fanwl i bob chwaraewr unigol.

Mae'r rhaglen yn rhoi sylw i:
- faint o fwyd mae'r chwaraewr yn ei fwyta.
- y math o fwyd mae'n ei fwyta
- pa mor aml yn ystod y dydd mae'n bwyta
- canrannau'r protein, y braster a'r carbohydradau y dylai eu bwyta
- unrhyw ychwanegion y dylai'r chwaraewr eu cymryd
- hydradiad (faint o hylif mae'r chwaraewr yn ei yfed)

Mae disgwyl i bob chwaraewr proffesiynol ddilyn y rhaglen yn ofalus er mwyn iddo allu chwarae ar ei orau.

ENGHRAIFFT O FWYDLEN DIWRNOD NODWEDDIADOL CHWARAEWR RYGBI PROFFESIYNOL

Brecwast: Wyau (a/neu facwn) (*protein*), grawnfwyd a thost (*carbohydradau*)

Cinio: Cyw iâr (*protein*) a phasta/reis/tatws (*carbohydradau*) neu
Stecen (*protein*), tatws drwy'u crwyn (*carbohydradau*) a llysiau (*ffibr*)
Mae angen y carbohydradau cyn ymarfer bob amser.

Ar ôl hyfforddi: 'Protein shake' – powdwr wedi'i gymysgu â llaeth neu ddŵr.

Byrbryd: 'Jaffa Cakes' i roi egni sydyn.

Swper: Stecen fawr (*protein*). Does dim angen carbohydradau achos nad oes ymarfer yn digwydd ar ôl swper. Mae protein yn bwysig i adnewyddu'r corff.

Hylif: Bydd chwaraewr yn cael ei bwyso cyn ac ar ôl ymarfer. Yn *syth* ar ôl ymarfer, rhaid iddo yfed rhwng 1 a 2 litr o ddŵr am bob 1kg o hylif y mae wedi'i golli wrth ymarfer (tua hanner cilogram am bob awr o ymarfer).

DIM ysmygu ac YCHYDIG IAWN o alcohol – ar ôl gêm gyda bwyd yn unig.
Mae alcohol yn gwneud i'r corff ddadhydradu (colli gormod o ddŵr).

Swyddog meddygol

Mae gan dîm rygbi Cymru swyddog meddygol sy'n rhoi cyngor meddygol cyffredinol i'r chwaraewyr.

Os bydd chwaraewr yn cael anaf, mae'n edrych ar y fideo o'r rhan o'r gêm lle digwyddodd yr anaf er mwyn gweld yn union beth ddigwyddodd. Bydd wedyn yn cael golwg ar y sleidiau pelydr-X a siarad â'r chwaraewr a'r ffisiotherapydd i lunio rhaglen adfer.

Os bydd anafiadau'n digwydd yn gyson mewn rhan o'r gêm, mae'n rhoi gwybod i Undeb Rygbi Cymru. Wedyn bydd yr Undeb yn ystyried a oes eisiau newid y rheolau fel bod llai o anafiadau'n digwydd.

Ffisiotherapydd

Mae ffisiotherapydd gan bob un o'r prif dimau. Eu gwaith yw helpu chwaraewyr i wella o anafiadau. Pan fydd chwaraewr yn cael anaf mewn gêm, y ffisiotherapydd sy'n rhedeg ar y cae i roi cymorth cyntaf iddo. Os nad yw'r chwaraewr yn gallu chwarae ar ôl cael yr anaf, bydd y ffisiotherapydd yn llunio rhaglen o ymarferion i'r rhan o'r corff sydd wedi cael anaf. Gall hyn gynnwys ymarferion ymestyn, tylino'r corff ac ati. Bydd angen gwahanol fathau o ymarferion i wella gwahanol anafiadau.

Mae rhai anafiadau'n cymryd amser i wella, felly rhaid bod yn amyneddgar. Mae'n bwysig nad yw chwaraewyr yn ailddechrau chwarae'n rhy gynnar ar ôl cael anaf. Gallai hynny wneud llawer o ddrwg. Weithiau bydd chwaraewyr yn gorfod ymddeol o'r gêm os byddan nhw'n dioddef o'r un anaf dro ar ôl tro.

Ffisiotherapydd Cymru, Mark Davies, yn helpu Ryan Jones oddi ar y cae.

Tirmoniaid

Mae gwaith y tirmoniaid yn hynod bwysig. Hebddo, fyddai hi ddim yn bosibl cynnal gêm o rygbi. Y tirmon sy'n gyfrifol am gynnal a chadw'r cae rygbi fel bod y glaswellt neu'r borfa mewn cyflwr delfrydol. Felly, rhaid:

- rhoi gwrtaith ar y tir i'r borfa dyfu'n dda
- dyfrhau mewn tywydd poeth
- gwneud yn siŵr bod y tir yn draenio os bydd hi'n wlyb iawn
- torri'r glaswellt
- hau had os bydd y borfa'n teneuo
- cael gwared ar chwyn
- marcio llinellau
- gosod y pyst a'r baneri
- codi sbwriel

Mae rhywbeth i'r tirmon ei wneud drwy'r flwyddyn. Yn yr haf, cyn i'r tymor rygbi ddechrau, bydd angen peintio'r pyst rygbi. Hefyd, rhaid gwneud yn siŵr fod y llinellau i gyd yn cael eu marcio'n gywir ar y cae. Ar ôl i'r tymor ddechrau, bydd ambell ran o'r cae yn mynd yn fwdlyd. Wedyn rhaid gwneud tyllau yn y tir â fforch a rhoi ychydig o dywod i helpu'r cae i sychu. Weithiau bydd angen rhoi tyweirch newydd mewn mannau gwael.

Yn y caeau mwyaf modern, e.e. yn Stadiwm y Mileniwm, mae system wresogi danddaearol yn atal y cae rhag rhewi'n gorn yn y gaeaf. Hefyd, mae systemau ar gael sy'n dangos a oes angen dyfrio ac yn nodi tymheredd y cae.

Rhewi'n gorn

Roedd gaeaf 1962–63 yn galed iawn a chaeau rygbi'n rhewi'n gorn. Ond roedd tirmoniaid Parc yr Arfau'n mynnu bod y gêm rhwng Cymru a Lloegr ym mis Ionawr 1963 yn mynd yn ei blaen. Dyma nhw'n rhoi haen drwchus o wellt ar y cae rai dyddiau cyn y gêm, tynnu'r rhan fwyaf ar fore'r gêm a gadael haen denau olaf i'w thynnu awr cyn y gêm. Llwyddodd y gêm i fynd yn ei blaen ar ôl i'r gweithwyr glirio'r rhew a'r eira oddi ar y terasau.

Gêm mewn pwll tywod

Roedd pob gêm rygbi wedi'i chanslo ar y 4ydd o Ionawr 1998 – pob un ond y gêm rhwng Castell-nedd a Llanelli. Rhoddwyd tair tunnell o dywod ar y maes ac aeth y gêm yn ei blaen!

Swyddogion

Dyfarnwyr cynorthwyol

Dau ddyfarnwr cynorthwyol sydd ar y cae. Maen nhw'n sefyll bob ochr i'r maes, y tu hwnt i'r ddwy ystlys. Os yw'r bêl yn mynd dros yr ystlys, maen nhw'n codi lluman ac yn sefyll lle yr aeth y bêl drosti, ac yn arwyddo ag un fraich yn syth allan, i'r chwith neu i'r dde, pa dîm sy'n taflu'r bêl i'r lein. Pan fydd chwaraewr yn cicio at y gôl, bydd y llumanwyr yn sefyll o dan y pyst ac yn penderfynu a yw'r gic yn llwyddiannus. Rhaid i'r dyfarnwyr cynorthwyol gadw llygad barcud am ddigwyddiadau brwnt. Os byddan nhw'n gweld chwaraewyr yn taflu ergyd neu'n cicio gwrthwynebydd, byddan nhw'n cysylltu â'r dyfarnwr.

Er bod dau ddyfarnwr cynorthwyol, nid nhw sydd â'r gair olaf. Y dyfarnwr sy'n gwneud y penderfyniad terfynol bob tro. O bryd i'w gilydd, mewn gêmau ar y lefel uchaf, fe fydd y dyfarnwr yn cysylltu â'r dyfarnwr fideo am gymorth.

Y Dyfarnwr

Y dyfarnwr yw'r person sy'n rheoli'r gêm ac yn gwneud yn siŵr fod y chwaraewyr yn dilyn y rheolau. Fe (neu hi) hefyd sy'n cadw'r amser a'r sgôr. Mae angen dyfarnwr fideo mewn gêmau rhyngwladol a rhai gêmau pwysig rhwng clybiau sydd ar y teledu. Bydd yn edrych yn fanwl ar unrhyw ddigwyddiad ar fideo, e.e. cais sydd efallai wedi bod yn llwyddiannus, a rhoi'r wybodaeth i'r dyfarnwr ar y cae.

Mae rhai dyfarnwyr yn dechrau dyfarnu pan fyddan nhw yn eu harddegau. Ond, fel arfer, chwaraewyr yn eu hugeiniau sy'n penderfynu dechrau dyfarnu.

Mae digon o hyfforddiant ar gael. Mae Undeb Rygbi Cymru'n trefnu cyrsiau i ddyfarnwyr ar wahanol lefelau, ond rhaid i bob dyfarnwr ddilyn cwrs Lefel 1 Undeb Rygbi Cymru. Ar ôl dilyn rhagor o gyrsiau a magu profiad, mae'n bosib dyfarnu gêmau rhwng timau ar lefelau uwch.

Y peth pwysicaf yw darllen *Undeb Rygbi Cymru: Rheolau'r Gêm*, 'Beibl' y dyfarnwyr, sy'n cynnwys holl reolau'r gêm. Un o ddyfarnwyr mwyaf addawol Cymru ar hyn o bryd yw Ben Whitehouse o Lanrhidian ym Mro Gŵyr, mab y cyn-ddyfarnwr rhyngwladol Nigel Whitehouse. Dyma restr Ben o'r rhinweddau sydd eu hangen ar bob dyfarnwr:

- gwybodaeth fanwl o'r holl reolau.
- gofyn bod yn hyderus o ran gallu a pherfformiad ond heb fod yn or-hyderus.
- y gallu i drin a thrafod y chwaraewyr ar y cae.
- digon o hiwmor.
- rhaid bod yn gwbl deg ac onest.
- rhaid bod yn ffit iawn er mwyn cadw i fyny gyda'r chwarae.
- rhaid i ddyfarnwr gydnabod os yw e neu hi yn gwneud camgymeriad – mae'n hawdd gwneud camgymeriadau gyda 30 chwaraewr ar y cae, ac yn aml mae 16 ohonyn nhw (y blaenwyr) yn agos at ei gilydd mewn lein, sgrym, neu sgarmes.
- rhaid i'r dyfarnwr gofio mai'r chwaraewyr yw'r bobl bwysicaf ar y cae, nid ef ei hun.

Y dyfarnwr ifanc Ben Whitehouse yn cadw llygad barcud ar y sgrym ac ar fewnwr Cwmllynfell, Alun Sterl.

Nigel Owens, un o brif ddyfarnwyr y byd rygbi.

Mae'r dyfarnwr rhyngwladol Nigel Owens o Bontyberem yn ychwanegu: "Pan fydd chwaraewyr o bob tîm yn dod i ysgwyd llaw ar ddiwedd gêm, dw i'n gwybod bod pethau wedi mynd yn iawn. Maen nhw wedi mwynhau'r gêm, ac mae hynny'n bwysig." Mae Nigel Owens hefyd yn sôn am yr holl bwysau sydd ar ddyfarnwyr yn y gêm broffesiynol:

"Erbyn hyn, mae gyrfaoedd pobl yn gallu dibynnu ar benderfyniadau yn ystod y gêm. Os bydd tîm yn colli oherwydd un o benderfyniadau'r dyfarnwr, efallai bydd yr hyfforddwr yn colli ei swydd neu bydd chwaraewyr yn cael eu gollwng o'r tîm.

Mae Ben Whitehouse yn ein hatgoffa fod pob un gêm yn bwysig: "Rhaid canolbwyntio ym mhob un gornest. Mae'r gêm yr un mor bwysig i chwaraewyr a chefnogwyr ail dîm Nantgaredig ag i Mike Phillips a Rhys Priestland sy'n cynrychioli Cymru o flaen torf o wyth deg mil yng Nghaerdydd."

Er bod dyfarnwyr yn gallu teimlo'n unig ac yn amhoblogaidd weithiau, rhai o'r manteision yw eu bod yn cael teithio i wahanol lefydd a chwrdd â llawer o bobl gyfeillgar.

Sylwebwyr

Os nad ydych chi'n gallu mynd i gêm eich hunan, bydd sylwebwyr yn dod â'r gêm yn fyw i chi ar y radio neu'r teledu. Ond dim ond ers canol yr ugeinfed ganrif mae sylwebu yn Gymraeg wedi bod yn digwydd.

Roedd erthyglau ar rygbi wedi bod yn ymddangos yn Gymraeg ers tro, a gohebwyr fel Dr Gwent Jones o Abertawe yn y 1930au yn bathu termau newydd fel asgell, blaenwyr, haneri a sgrym er mwyn disgrifio a dadansoddi gêmau yn *Y Cymro*.

Yn y 1950au y dechreuodd sylwebu ar gêmau rygbi ar y radio yn Gymraeg am y tro cyntaf. Eic Davies o Bontardawe oedd y sylwebydd cyntaf ar radio a bathodd y rhan fwyaf o'r termau sy'n dal i gael eu defnyddio heddiw, er enghraifft, cic adlam, cais, ystlys, mewnwr a maswr.

Yn ystod y 1970au roedd sylwebaethau cyson ar gêmau rhyngwladol ar y radio. Byddai Huw Llywelyn Davies, mab Eic Davies, a John Evans yn sylwebu, a Carwyn James yn rhoi ei farn fel arbenigwr.

Sylwebydd BBC Radio Cymru, Cennydd Davies.

Arthur Emyr a Wyn Gruffydd yn sylwebu ar y Dreigiau yng Nghwpan Amlin 2012.

Roedd gwrandawyr Cymraeg yn arfer gwylio'r gêm ar y teledu, ond yn diffodd y sain a gwrando ar y sylwebaeth Gymraeg ar y radio.

Bu'n rhaid aros tan y 1980au cyn i gêmau rygbi gael eu dangos ar y teledu yn Gymraeg. Huw Llywelyn Davies oedd y sylwebydd teledu cyntaf yn Gymraeg. Erbyn hynny, roedd y termau Cymraeg wedi cael eu derbyn.

"Pan oeddwn i'n blentyn, roedden ni'n chwarae yn Gymraeg ond roedd y termau yn Saesneg. Ond, mae plant heddiw'n defnyddio 'mewnwr' neu 'cic adlam' yn hollol naturiol."

Erbyn heddiw, mae sylwebaeth yn Gymraeg ar nifer fawr o gêmau rygbi ar S4C a Radio Cymru. Yn ôl Cennydd Davies, sy'n wyneb ac yn llais cyfarwydd ar y cyfryngau, mae gwahaniaeth mawr rhwng sylwebu ar y radio a sylwebu ar y teledu:

"Y gyfrinach ar deledu yw gwybod pryd i gau eich ceg gan fod y lluniau'n dweud cymaint. Ond ar y radio, gallwch chi siarad a siarad yn ddiddiwedd. Chi yw'r camera sy'n cyflwyno darlun o'r gêm i'r

gwrandawyr. Ar y radio mae'n bwysig dweud 'beth' sy'n digwydd. Mae cyflwyno daearyddiaeth y cae'n bwysig fel bod y gwrandawyr yn gweld y cae – pwy sy'n symud i ba gyfeiriad. Ar y teledu, mae'n rhaid dweud 'pam' mae pethau'n digwydd. Mae'r gwylwyr yn gweld y cyfan, felly oni bai eich bod chi'n ychwanegu at y llun ar y camera, does dim pwynt dweud dim."

Bydd Huw Llywelyn Davies yn dechrau paratoi rai dyddiau cyn sylwebu ar gêm rygbi:
"Dw i'n gweld pwy sy'n chwarae ac yn casglu ystadegau am y chwaraewyr a'r gêm. Dw i'n paratoi taflen o ffeithiau ond dw i'n ceisio peidio gwthio ystadegau. Maen nhw yno os bydd rhywbeth yn digwydd ar y cae rygbi. Does dim angen sôn bod John Jones yn gricedwr dawnus tan iddo ddal pêl anodd.

Wrth gwrs, mae'n rhaid dysgu enwau'r chwaraewyr i gyd. Mae hynny'n gallu bod yn anodd pan fydd timau o Ynysoedd Môr y De neu Japan yn dod draw. Ond mae mwy o waith cofio pan fydd saith Jones a sawl Williams yn chwarae mewn gêm yng Nghymru! Mae gweld y bechgyn yn ymarfer yn help i mi adnabod y chwaraewyr a chofio'u henwau."

Y diweddar Ray Gravell, cyfathrebwr o fri, yng nghwmni cefnogwr ifanc.

Cefnogwyr

Mae cefnogwyr Cymru'n arbennig o bybyr. Hawdd llenwi Stadiwm y Mileniwm pan fydd Cymru'n chwarae gartref a bydd byddin o gefnogwyr yn teithio gyda thîm Cymru i bedwar ban. Person lwcus iawn yw hwnnw sydd â thocyn i wylio Cymru a pherson anlwcus iawn sy'n gorfod mynd i Eisteddfod Gylch neu Sir yr Urdd pan fydd Cymru'n chwarae.

Roedd tymor 2011–12, pan gyrhaeddodd Cymru Rownd Gyn-derfynol Cwpan Rygbi'r Byd yn ogystal â chipio'r Goron Driphlyg a'r Gamp Lawn, yn un arbennig iawn i gefnogwyr Cymru. Teithiodd miloedd i Seland Newydd i gefnogi tîm Sam Warburton ac yn ôl rhai roedd ugain mil a mwy wedi teithio i Stadiwm Aviva yn Nulyn ac i Twickenham i ddangos eu cefnogaeth i'r crysau cochion. Yn ystod 2012 chwaraeodd Cymru saith gêm yn Stadiwm y mileniwm a'r stadiwm yn orlawn bob tro. Felly tyrrodd hanner miliwn o bobl yno i ddangos eu cefnogaeth. Anhygoel!

Mae awyrgylch Stadiwm y Mileniwm yn fygythiol iawn i'r timau sy'n dod i chwarae yn erbyn Cymru, gyda'r cefnogwyr yn fôr o goch.

Codi canu

Mae canu wedi bod yn rhan bwysig o gêmau rygbi Cymru erioed. Pan fydd y canu'n dechrau, mae'r tîm cartref yn cael hwb ychwanegol. Hyd yn oed os yw tîm Cymru'n colli, mae'n rhaid i'r Cymry ganu!

Dyma rai o hoff ganeuon y Cymry wrth wylio rygbi:

- **Hen Wlad fy Nhadau** – canwyd hi am y tro cyntaf fel anthem ym 1905 yn y gêm rhwng Cymru a Seland Newydd, yn ymateb i 'Haka' Seland Newydd. Yn ddiweddar, mae corau a nifer o sêr fel Bryn Terfel, Tom Jones, Shirley Bassey a Katherine Jenkins wedi bod yn canu'r anthem cyn dechrau'r gêm yn y Stadiwm.
- **Calon Lân**
- **Cwm Rhondda** ('Guide me, O Thou Great Jehovah')
- **Sosban Fach** (er mai cân Llanelli yw hon mewn gwirionedd)
- **Hymns and Arias** (cân gan Max Boyce)

Bydd cefnogwyr Cymru'n hoff o wisgo sgarffiau a hetiau coch a gwyn, peintio draig goch ar eu hwynebau a bydd dynion yn gwisgo'r cilt Cymreig. Yn aml iawn bydd cennin a chennin Pedr anferthol yn y dorf hefyd!

Ar ddechrau'r gêm rhwng Cymru a Lloegr yn Ionawr 1963, roedd hi'n rhewi'n gorn. Felly bu'n rhaid canu 'Hen Wlad fy Nhadau' heb y tîm – roedd hi'n llawer rhy oer iddyn nhw ddod ar y cae i sefyll yn llonydd!

Katherine Jenkins yn arwain y canu.

Max Boyce

Daw Max Boyce o Lyn-nedd ac roedd yn arfer bod yn löwr. Daeth yn enwog ar ôl recordio noson yn fyw yn 1973, 'Live at Treorchy Rugby Club'. Roedd y noson yn cynnwys Max yn canu ac yn adrodd straeon am y cymoedd a rygbi. Roedd hi'n noson lwyddiannus iawn, a'r dyrfa i gyd yn chwerthin, a chyn hir daeth y record yn boblogaidd hefyd.

Aeth Max ymlaen i recordio eto, gan gyrraedd rhif 1 yn y siartiau recordiau albwm ac ennill disg aur. Hefyd, cafodd gyfresi teledu gyda'r BBC a bu'n cyhoeddi llyfrau o'i ganeuon a'i farddoniaeth. Mae'n dal i gynnal nosweithiau a chymryd rhan mewn pantomeimiau.

Beth yw cyfrinach Max Boyce? Mae ei ganeuon, ei storïau a'i farddoniaeth yn adrodd hanes a theimladau pobl cymoedd de Cymru a chefnogwyr rygbi Cymru. Er enghraifft, mae'n canu baledi am gau'r pyllau glo yn y saithdegau a'r wythdegau ac yn adrodd hanesion doniol am gefnogwyr rygbi ar daith. Mae'n amlwg yn gymeriad cynnes iawn ac yn gallu gwneud i bobl chwerthin yn hawdd iawn. Ar lwyfan, bydd yn gwisgo sgarff a het Cymru a chenhinen anferth ar ei gôt.

Stadiwm y Mileniwm, Caerdydd

Dyma brif faes rhyngwladol Cymru. Agorodd y stadiwm ym mis Mehefin 1999. Trechodd Cymru dîm De Affrica yn y brif gêm rygbi gyntaf i'w chwarae yno. Er bod y stadiwm ei hun yn gymharol newydd, mae rygbi wedi cael ei chwarae ar y safle (Parc yr Arfau) ers y 1870au. Felly mae traddodiad hir o chwarae a gwylio rygbi yma. Dyma un o'r ychydig feysydd rhyngwladol sydd yng nghanol dinas. Bob tro mae gêm rygbi ryngwladol yng Nghaerdydd, mae'r ddinas ei hun yn ferw o gefnogwyr.

Mae'r stadiwm yn wych ac mae'r gwylwyr – hyd at 74,500 o bobl – yn teimlo eu bod nhw'n agos at y chwarae. Os bydd hi'n dywydd gwael, mae'n bosib cau'r to.

Serch hynny, mae problemau gyda'r cae. Mae cyngherddau ac ati hefyd yn digwydd yn y stadiwm, felly mae'r cae'n cael ei greu o ryw 7,500 darn (pallet). Yn ystod y gaeaf, nid oes digon o olau'n cyrraedd y cae i'r gwair allu tyfu ac mae'r arwyneb yn torri'n rhwydd. Maen nhw'n ceisio defnyddio lampau golau arbennig i ddatrys y broblem hon.

Groggs

Er 1965 mae John Hughes wedi bod yn creu cerfluniau cerameg o enwogion byd rygbi a champau eraill. Dechreuodd mewn sièd yn yr ardd, ond cyn hir symudodd i hen dafarn yn nhref Pontypridd lle mae 'Byd Groggs' o hyd. Pan gafodd tîm rygbi Cymru lwyddiant yn y 1970au, dechreuodd pobl gasglu 'Grogg' o'u hoff chwaraewyr. Erbyn heddiw mae casgliad enfawr o chwaraewyr ddoe a heddiw i ddewis o'u plith nhw.

Cewch ragor o wybodaeth ar:
www.groggs.co.uk

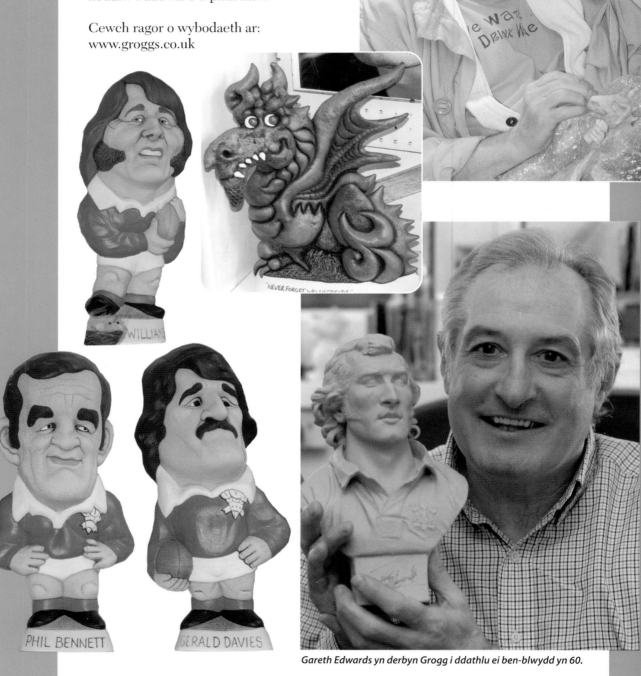

PHIL BENNETT

GERALD DAVIES

Gareth Edwards yn derbyn Grogg i ddathlu ei ben-blwydd yn 60.

Geirfa Rygbi

Calchad
Colli pob gêm mewn cyfres. Er enghraifft, petai Cymru'n colli pob gêm ym Mhencampwriaeth y Chwe Gwlad, byddai'r tîm wedi 'cael calchad'.

Camp Lawn
Bob blwyddyn, mae timau rygbi Cymru, Lloegr, yr Alban, Iwerddon, Ffrainc a'r Eidal yn chwarae yn erbyn ei gilydd (gweler: Pencampwriaeth y Chwe Gwlad). Mae'r tîm sy'n curo pob tîm arall (ennill pum gêm) yn ennill y Gamp Lawn. Mae tîm rygbi Cymru wedi ennill y Gamp Lawn un ar ddeg o weithiau, y tro diwethaf yn 2012.

Camsefyll
Os yw chwaraewr o flaen chwaraewr arall o'r un tîm sydd â'r bêl, mae'n camsefyll. Felly does dim hawl ganddo chwarae'r bêl neu atal gwrthwynebydd. Mae llawer o fân reolau eraill yn gysylltiedig â chamsefyll. Er enghraifft, pan fydd sgrym, rhaid i'r olwyr sefyll y tu ôl i linell ddychmygol drwy droed ôl y chwaraewr olaf yn y sgrym.

Cap
Mae chwaraewr rygbi'n ennill 'cap' pan fydd yn chwarae mewn gêm ryngwladol. Yn y gorffennol, byddai chwaraewr yn ennill cap am bob gêm ryngwladol. Erbyn heddiw, y tro cyntaf maen nhw'n chwarae i'w gwlad yn unig y mae chwaraewyr yn cael cap go iawn ond mae yna gapiau ychwanegol i'r rheiny sy wedi chwarae hanner cant o weithiau a chap arall wedyn i ambell un, sef Gareth Thomas, Stephen Jones a Martyn Williams, sy wedi chwarae dros gant o weithiau.

Cell cosb
Bydd chwaraewr yn cael ei anfon i'r gell cosb am 10 munud ar ôl cael carden felen am drosedd wael neu chwarae'n beryglus.

Cic a chwrs
Pan fydd chwaraewr yn cicio'r bêl ac yn rhedeg ar ei hôl ei hunan (cwrso'r bêl).

Coron Driphlyg
Bob blwyddyn, mae timau rygbi Cymru, Lloegr, yr Alban ac Iwerddon yn chwarae yn erbyn ei gilydd. Mae'r wlad sy'n curo pob gwlad arall ym Mhrydain (ennill tair gêm) yn cael y Goron Driphlyg y flwyddyn honno. Mae Cymru wedi ennill y Goron Driphlyg 20 gwaith, y tro diwethaf yn 2012.

Cwpan LV=
Mae cwmni LV= yn noddi cystadleuaeth gwpan rhwng timau Cymru a Lloegr (Cwpan Eingl-Gymreig). Mae pedwar rhanbarth Cymru a 12 prif glwb Lloegr yn cystadlu am y cwpan hwn. Mae'r timau mwyaf llwyddiannus yng nghystadleuaeth y cwpan hwn yn cael cystadlu yng nghystadleuaeth Cwpan Heineken y tymor canlynol.

Cwpan Heineken
Cystadleuaeth gwpan i dimau Ewrop yw hon. Mae 24 tîm yn cael eu gosod mewn 6 grŵp o bedwar a'r goreuon yn cyrraedd y rowndiau gogynderfynol. Hyd at dymor 2011–12, does dim un tîm o Gymru wedi ennill Cwpan Heineken.

Cwpan Rygbi'r Byd
Er 1987, cynhelir cystadleuaeth Cwpan Rygbi'r Byd bob pedair blynedd. Mae'r enillwyr yn ennill Cwpan William Webb Ellis, y cyntaf erioed i chwarae rygbi. Dyma'r enillwyr hyd yma: 1987 – Seland Newydd; 1991 – Awstralia; 1995 – De Affrica; 1999 – Awstralia; 2003 – Lloegr; 2007 – De Affrica; 2011 – Seland Newydd.

Cynghrair RaboDirect PRO 12
Cystadleuaeth rhwng 12 tîm o Gymru, Iwerddon, yr Alban a'r Eidal: 4 tîm rhanbarthol Cymru, 2 dîm yn yr Alban (Caeredin a Glasgow), 4 tîm rhanbarthol Iwerddon (Connacht, Ulster, Leinster a Munster) yn ogystal â Benetton Rugby Treviso a Zebre Rugby o'r Eidal. Cwmni RaboDirect sy'n noddi'r gystadleuaeth.

Ennill y bêl yn erbyn y pen
Pan fydd tîm yn ennill y bêl yn y sgrym neu'r lein a'r gwrthwynebwyr wedi bod â'r meddiant, byddant wedi ennill y bêl yn erbyn y pen.

Hirgron – y bêl hirgron
Enw arall ar bêl rygbi. Mae'n bosibl dweud "mae'n hoffi chwarae'r bêl hirgron", yn lle dweud "mae'n hoffi chwarae rygbi".

Y Llewod
Tîm rygbi Prydain yw'r Llewod. Mae'r aelodau'n cael eu dewis o dimau Cymru, Lloegr, yr Alban ac Iwerddon. Mae'r Llewod yn mynd ar daith bob pedair blynedd i un o wledydd hemisffer y De – De Affrica, Awstralia neu Seland Newydd. Maen nhw'n gwisgo crysau coch, siorts gwyn, sanau glas a darn gwyrdd ar eu pennau i ddangos eu bod yn cynrychioli pob un o dimau gwledydd Prydain ac Iwerddon.

Llinell Fantais

Wrth 'groesi'r llinell fantais' mae'r tîm sy'n ymosod yn llwyddo i fynd heibio i'r amddiffyn.

Llwy Bren

Bob blwyddyn, mae timau rygbi Cymru, Lloegr, yr Alban, Iwerddon, Ffrainc a'r Eidal yn chwarae yn erbyn ei gilydd (gweler: 'Pencampwriaeth y Chwe Gwlad'). Y tîm ar waelod y tabl ar ôl i'r holl gêmau gael eu chwarae sy'n cael y Llwy Bren.

Ochrgamu

Camu i'r ochr i osgoi gwrthwynebwyr a dod o hyd i fwlch yn yr amddiffyn.

Oes Aur

Yr enw am gyfnod llwyddiannus yn hanes unrhyw gamp. Cafodd tîm rygbi Cymru oes aur ar ddechrau'r pumdegau, yn y saithdegau ac yn ystod y cyfnod presennol (2005–12). Gobeithio y bydd y llwyddiant yn parhau.

Pencampwriaeth y Chwe Gwlad

Rhwng mis Ionawr a mis Mawrth bob blwyddyn, bydd timau rygbi Cymru, Lloegr, yr Alban, Iwerddon, Ffrainc a'r Eidal yn chwarae yn erbyn ei gilydd. Felly bydd pob gwlad yn chwarae 5 gêm. Bydd rhai o'r gêmau hyn gartref, a rhai bant. Os bydd Cymru wedi chwarae yn erbyn Lloegr yn Stadiwm y Mileniwm un flwyddyn, bydd y gêm yn Twickenham y flwyddyn ganlynol. Mae'r tîm sy'n curo pob gwlad arall yn ennill y Gamp Lawn (gweler 'Camp Lawn'). Mae'r tîm sydd ar frig y tabl ar ddiwedd pob tymor yn ennill y Bencampwriaeth. Os oes gan ddau dîm yr un nifer o bwyntiau, y tîm sydd â'r gwahaniaeth pwyntiau mwyaf sy'n ennill. Mae Cymru wedi ennill y bencampwriaeth 25 gwaith. Cyn i'r Eidal ymuno â'r bencampwriaeth yn 2000, 'Pencampwriaeth y Pum Gwlad' oedd hi.

Rygbi'r Cynghrair

Dechreuodd rygbi'r cynghrair yng ngogledd Lloegr yn 1895. Roedd chwaraewyr wedi dechrau cael eu talu am eu bod yn colli cyflog wrth chwarae. Felly doedden nhw ddim yn chwaraewyr 'amatur' a rhannodd rygbi'n ddwy ran – rygbi'r undeb (o dan undebau rygbi Cymru, Lloegr a gwledydd eraill) a rygbi'r cynghrair. Yn ystod yr 20fed ganrif yng Nghymru, symudodd llawer o chwaraewyr gorau rygbi i chwarae rygbi'r cynghrair yng ngogledd Lloegr er mwyn ennill rhagor o arian. Mae rheolau rygbi'r undeb a rygbi'r cynghrair yn wahanol i'w gilydd; er enghraifft does dim sgrymiau na leiniau yn rygbi'r cynghrair.

Rygbi'r Undeb

Yr 'undeb' yn 'rygbi'r undeb' yw Undeb Rygbi Cymru (gweler 'Undeb Rygbi Cymru'). Hyd at 1995, doedd chwaraewyr rygbi'r undeb ddim yn cael eu talu. Os oedd chwaraewr yn troi at rygbi'r cynghrair, a chael ei dalu, ni fyddai byth yn cael dod yn ôl i chwarae rygbi'r undeb eto. Newidiodd hyn yn 1995 pan drodd chwaraewyr rygbi'r undeb yn chwaraewyr proffesiynol.

Rhyng-gipio

Gwrthwynebydd yn dal y bêl wrth iddi gael ei phasio rhwng aelodau'r tîm arall.

Trosgais

Cais sydd hefyd wedi cael ei drosi drwy gicio'r bêl rhwng y pyst. Mae trosgais yn werth 7 pwynt, hynny yw, cais (5 pwynt) a throsiad (2 bwynt).

Undeb Rygbi Cymru (WRU)

Undeb Rygbi Cymru sy'n rheoli rygbi yng Nghymru. Sefydlwyd yr Undeb yn 1881 a'i enw'r pryd hwnnw oedd 'Welsh Football Union', ond newidiwyd yr enw yn 1934. Mae 239 o glybiau rygbi'n aelodau o'r undeb. Yn ogystal, yr undeb sy'n rheoli'r tîm cenedlaethol, y cynghreiriau cenedlaethol a chystadlaethau'r cwpanau. Undeb Rygbi Cymru sy'n berchen ar Stadiwm y Mileniwm.